D1671080

ENTSPANNT
Essen gehen mit Kindern

emons:

© Hermann-Josef Emons Verlag
©Fotografien: Ulla Scholz
Alle Rechte vorbehalten
Gestaltung: Ulrike Strunden, Köln
Druck und Bindung: FINIDR Finidr, sro, Český Těšín
Printed in Germany 2010
ISBN 978-3-89705-646-6
Originalausgabe

Unser Newsletter informiert Sie
regelmäßig über Neues von emons:
Kostenlos bestellen unter
www.emons-verlag.de

Monika Salchert / Ulla Scholz

ENTSPANNT Essen gehen mit Kindern

RESTAURANT-TIPPS FÜR KÖLN, BONN UND UMLAND

Inhalt

Recherchen für ein Buch können die Kommunikation zwischen Menschen ungeheuer fördern. Missverständnisse inklusive. »Ach, Sie schreiben einen Restaurantführer. Für Kinder?« Nein, eigentlich nicht. »Wir schreiben einen Ratgeber.« »Für Kinder?« Nein, eigentlich nicht. »Entspannt essen gehen mit Kindern« ist ein Buch für Erwachsene und Kinder. Erstere suchen das Lokal zwar aus, aber letztere entscheiden, ob diese Wahl auch gut war. Um einen möglichst großen Querschnitt durch die kindertaugliche Gastronomie zu zeigen, haben wir Schnellrestaurants ebenso besucht wie Restaurants der gehobenen Kategorie. Bistros, Cafés, Brauhäuser, Pizzerien und Ausflugslokale sind vertreten. Wir haben Lokalitäten in Köln, Bonn, Leverkusen, Leichlingen, Lindlar, Bergisch Gladbach, Lohmar und Bad Neuenahr besucht. Die Größe des Lokals war ebenso unerheblich wie die Richtung der Küche. Das jeweilige Speisenangebot war ein wichtiges Kriterium, aber nicht das einzige. Uns hat auch interessiert: Ist das Restaurant überhaupt auf junge Gäste eingestellt? Gibt es Kinderstühle? Wickelplätze? Beschäftigungsmöglichkeiten? Wenn es sich anbot, haben wir auf Sehenswürdigkeiten in der Nähe hingewiesen. Wir haben bewusst auf eine Bewertung der Speisekarte im Stile eines Restaurantkritikers verzichtet. Wir haben indes darauf geachtet, dass alle im Buch aufgeführten Lokale über eine gute Küche verfügen, wenngleich es natürlich zwischen den einzelnen Restaurants qualitative Unterschiede gab.

»Entspannt essen gehen mit Kindern« ist ein Buch für Mütter, Väter, Großmütter, Großväter, Patentanten, Patenonkel und altersgemischte Gesellschaften. Kurzum für alle, die gern essen gehen und ebenso wie wir der Meinung sind, dass Kinder selbstverständlich mit am Tisch sitzen und sich wohl fühlen sollen.

Wir wünschen dem Buch auch viele Leser aus dem Bereich der Gastronomie. Denn dass Kinder die Gäste von morgen sind, hat sich erstaunlicherweise noch nicht überall herumgesprochen. Ebenso wenig, dass sich eine kinderfreundliche Haltung generell auszahlt. Denn je besser ein Lokal auf Kinder eingestellt ist, desto harmonischer verläuft der Besuch für alle Gäste. Bei »entspannt« haben wir ebenso an die Gäste gedacht, die auch dann in Ruhe essen möchten, wenn am Nebentisch ein paar Knirpse sitzen. Hier sei ein kleiner

Tipp an Erwachsene mit Kindern erlaubt: Es ist für alle im Raum stressfreier, wenn klar ist, dass es für einen Restaurantbesuch ein paar Regeln gibt. Herumrennen mit Gebrüll und im Vorbeilaufen noch die Tischdecke mitnehmen gehören nicht dazu.

Der Weg zum kinderfreundlichen Lokal ist weniger kompliziert, als manch ein Restaurantbesitzer womöglich glaubt. Eine ausreichende Zahl an Kinderstühlen, auch solche mit einer Babysicherung, signalisieren: Hier sind alle willkommen. Gleiches gilt für ein Angebot an Beschäftigungsmöglichkeiten. Das muss nicht viel sein. Mal-Utensilien oder ein Kartenspiel genügen. Ein separates Spielzimmer, womöglich sogar mit Kinderbetreuung, ist natürlich der Hit. Wir haben Lokale gefunden, die in dieser Hinsicht unglaublich kreativ sind. Stichwort: Kinderkarte. Wir räumen ein, dass wir bei den Speisen gern weniger häufig »Schnitzel-Pommes-Hähnchennuggets-Nudeln-Fischstäbchen« aufgeführt hätten. Aber die Mehrzahl der Restaurants setzt auf diese Klassiker. Warum eigentlich? Miniportionen bei den Gerichten, bei denen das möglich ist, können kaum aufwändiger als Schnitzel mit Pommes frites sein. Ganz nebenbei: Es gibt nicht wenige Kinder, gerade wenn sie nicht mehr ganz so klein sind, die finden es empörend, ein Gericht von der Kinderkarte bestellen zu müssen.

Das Buch »Entspannt essen gehen mit Kindern« möchte Tipps geben, wo es sich lohnt, mitsamt dem Nachwuchs einzukehren. Die Auswahl der Lokale erhebt keinen Anspruch auf Vollständigkeit. Es ist uns bewusst, dass es sicher weitere Restaurants gibt, die gut ins Buch gepasst hätten. Wenn Sie, liebe Leser, genau so ein Lokal kennen, freuen wir uns über einen entsprechenden Hinweis.

Wir wissen, dass Gastronomen ihre Speisekarten häufig überarbeiten. Daher kann es beim Restaurantbesuch passieren, dass einige der im Buch aufgeführten Gerichte nicht mehr oder nicht ständig im Angebot sind. Die Beispiele sollen ohnehin nur einen kurzen Blick in die Karte gewähren, eine Vollständigkeit ist nicht angestrebt. Die Preistafeln spiegeln den Stand bei Drucklegung des Buches wider, Preisschwankungen können also vorkommen.

Kölner Innenstadt

Bastian's

Morgens um sechs ist die Welt im Bastian's schon in Ordnung. Dann beginnen die Bäcker in einer gläsernen Backstube mit ihrer Arbeit. »Auf-die-Finger-Sehen« ist in der großen Backstube Auf dem Berlich ausdrücklich erwünscht. Die Betreiber sind stolz darauf, nach eigenen, überlieferten Rezepten mit natürlichen Zutaten zu backen. Für Fertigbackmischungen, Tiefkühlware und Konservierungsstoffe gilt: »Wir müssen leider draußen bleiben«. Die Marmelade fürs Bastian's, aus handverlesenen Früchten, wird in Italien gerührt, und der Kaffee kommt aus einer speziellen Rösterei aus Düsseldorf.

Das Bastian's ist Bäckerei und Café zugleich. Das Angebot der Bäckerei besticht durch eine Vielzahl verschiedener Brotsorten. Darunter auch solche mit monarchischer Note wie das »King Karl« oder der »Monarchenlaib«, der »Baron« oder das »Krönchen«. Im Café werden Frühstück, Mittagsgerichte (immer als Kreationen mit Brot) und Kuchen serviert. Für Kinder gibt es ein spezielles Kinderfrühstück.

In dem großen Gastraum, in dem ehemals die Post untergebracht war, geht auch heute noch die Post ab, vor allem sonntags ist es rappelvoll. Der etwas höhere Geräuschpegel birgt aber auch sein Gutes. Kinder brauchen nicht zur Ruhe angehalten zu werden. Das Bastian's wird für kommunikative Menschen die richtige Wahl sein. Man sitzt nah beieinander, aber nicht beengt. An den großen hellen Holztischen kommen die Gäste rasch miteinander ins Gespräch. Je nach Bedarf können sie zu Zweier- oder Mehrpersonentischen zusammengeschoben werden. Es gibt auch einen zentralen großen Tisch mit einfachen Holzbänken ohne Lehne. Darauf können Kinder gut sitzen, wenn sie nicht mehr im Hochstuhlalter sind. Für Kleinkinder gibt es Kinderstühle, die auf die normalen Stühle gestellt werden. Das Bastian's hat im Innenhof eine Außengastronomie mit Biergartentischen und -bänken.

❄ Ausstattung

- Kinderstühle
- Spielmaterial: Bücher und Spielzeug
- Wickelplatz in der Behinderten-
  toilette, zum Ausklappen an
  der Wand

🎵 Besonderheiten

- Kinderfrühstück
- Auf Anfrage kleine Gläser
- Einsehbare Backstube zum
  Gastraum
- Außengastronomie zur Hofseite

€ Preistafel (Beispiele)

Getränke

- Wasser 0,25 Liter zu 2,30 €;
  Flasche 0,75 Liter zu 5,10 €
- Apfelschorle 0,2 Liter zu 2,25 €
- Bionade 0,33 Liter zu 2,45 €
- Kakao (Glas) 2,45 €
- Espresso 1,95 €
- Latte macchiato 2,85 €

Speisen

- Kinderfrühstück mit einer Tasse
  Kakao 4,80 €
- Frühstück (klein) 3,90 €; Frühstück
  de luxe 14,90 €

- Kartoffelsuppe mit Lauch und Speck
  (serviert im runden Brotlaib) 5,90 €
- Penne in Tomatensauce mit
  Parmesan und Basilikum 8,20 €

Bastian's
Backstube und Café
Auf dem Berlich 3–5
50667 Köln
Tel. 0221/25083412
www.bastians-baecker.de
Öffnungszeiten:
Di bis Sa 8–20 Uhr,
So, Mo und feiertags 8–19 Uhr

Biergarten Rathenauplatz

Der Biergarten am Rathenauplatz ist kein gastronomischer Betrieb im herkömmlichen Sinn. Es ist eher ein Kinderparadies mit Verpflegungsmöglichkeit. Betrieben wird der Biergarten von der Bürgergemeinschaft Rathenauplatz e.V. Das Essen wird aus dem nahe gelegenen Restaurant Stadtgarten angeliefert und besteht aus einem übersichtlichen, aber guten Angebot. Alle Salate werden tagesfrisch zubereitet und ohne Konservierungsstoffe angerichtet. Weil es sich um einen Nachbarschafts-Biergarten handelt, sponsert der Verein ein Kindergericht und die Kindergetränke. So kann das Tagesgericht, beispielsweise Pasta, für 1,80 Euro angeboten werden. Das Kinder-Kultgetränk »Giftwasser«, aus Wasser und Waldmeistersirup gemischt, steht im Geschmack der »Berliner Weiße« mit Waldmeistersaft für die Erwachsenen in nichts nach.

Während die Erwachsenen an den Biertischen unter dem dichten Blätterdach verweilen, können sich die Kinder auf zwei gepflegten Spielplätzen vergnügen. Es gibt sogar einen Brunnen. Neben dem Bierpavillon steht eine Toilettenanlage mit Wickelplatz zur Verfügung. Die Bürgergemeinschaft Rathenauplatz hält ein wachsames Auge auf den Platz.

 Ausstattung

- Wickelplatz
- Spielplatz

 **Besonderheiten**

- Kindergetränke
- Preiswertes Kindergericht
- Träger des Biergartens ist die Bürgergemeinschaft Rathenauplatz
- Biergarten mit zwei Spielplätzen
- Nur bei schönem Wetter geöffnet
- Wenige Parkplätze
- Jazzkonzerte jeden 1. und 3. Sonntag im Monat von 17–19 Uhr

 **Preistafel** (Beispiele)

Getränke

- Kinderwasser 0,1 Liter zu 0,50 €
- Wasser 0,2 Liter zu 1,60 €
- Hellers Kölsch 0,3 Liter zu 2,60 €
- Kinderkakao 1,50 €
- Espresso 1,90 €
- Milchkaffee 2,50 €

Speisen

- Kinder-Tagesgericht: Pasta 1,80 €
- Kinderwaffel 0,50 €

- Bockwurst mit Kartoffelsalat 5,20 €
- Gemischter Salat mit marinierter Pute 7,50 €
- Wechselndes Tagesgericht 4,50 €

Biergarten Rathenauplatz
Rathenauplatz 30
50674 Köln
Tel. Bürgerverein 0221/248301
(ab 16 Uhr)
www.rathenauplatz.de
Öffnungszeiten:
12–22 Uhr bei schönem Wetter

Brasserie Fou
im Marriot-Hotel

Zum Sonntagsbrunch in der Hotelbrasserie Fou wartet ein besonderes Kinderbuffet auf die jungen Gäste. Pommes frites, Pizza, Popkorn und Fischstäbchen sind so angerichtet, dass sich der Nachwuchs selbst bedienen kann. Mit 39 Euro für Erwachsene und 19,90 Euro für Kinder zwischen sieben und zwölf Jahren ist der Preis für das Brunchbuffet zwar relativ hoch, aber die Qualität der angebotenen Speisen und Getränke ist auch überdurchschnittlich gut. Zur Begrüßung wird für die Erwachsenen ein Glas Crémant gereicht. Es gibt unter anderem mehrere Sorten Pasta, verschiedene Salate, Flammkuchen, kurzgebratenes Fleisch und hauchdünne Crêpes. Krustentiere sind ebenso im Angebot wie Roastbeef und – saisonabhängig – frischer Spargel. Das Fleisch wird in der Küche aufgeschnitten; Speisen, die sich nicht gut warm halten lassen, werden »à la minute« zubereitet. Zum Essen gibt es dezente, live gespielte Pianomusik. Die Brasserie Fou ist einem französischen Bistro nachempfunden, nur viel weitläufiger. Die Einrichtung mit roten Lederbänken, dunklen Holzstühlen und -tischen und Kacheln an den Wänden verleihen dem Raum etwas Gemütliches und Gediegenes zugleich. Für Kinder gibt es ein eigenes Spielzimmer mit vielen Spielsachen einschließlich einer Rutsche, einer Bällchenbahn und einer Wii-Spielkonsole. Der Nachwuchs wird zudem von einer Mitarbeiterin des Restaurants betreut.

 Ausstattung

- Kinderstühle
- Abgetrenntes Spielzimmer mit Rutsche, Bällchenbahn, Malbüchern und einer Wii-Spielkonsole
- Wickelplatz

 Besonderheiten

- Kinderkarte
- Kinderbetreuung im Spielzimmer
- Pianomusik
- Kostenloses Parken in der Marriott-Tiefgarage
- Hotelgastronomie
- WLAN in der Eingangshalle
- Zentrale Lage am Bahnhof

 Preistafel (Beispiele)

Getränke

- Wasser (Pineo) 1 Liter zu 9,00 €; (Apollinaris) 0,5 Liter zu 6,50 €; (Perrier) 0,75 Liter zu 8,50 €
- Orangina 0,25 Liter zu 3,20 €
- Kakao 4,00 €
- Espresso 3,00 €
- Latte macchiato 4,00 €

Speisen

- Sonntagsbrunch pro Person mit 1 Glas Crémant, alkoholfreien Getränken, Tee, Kaffee, Bier und Hauswein: Erwachsene 39,00 €; Kinder von 7 bis 12 Jahre 19,50 €; Kinder bis 6 Jahre frei

- Kindergerichte (à la carte) 12,00 €: zum Beispiel Pizza nach Wunsch belegt, Spaghetti, Chicken Wings, Fischstäbchen

- Lammkarrée (à la carte) 21,50 €

Brasserie Fou
im Marriott Hotel
Johannisstr.76–80
50668 Köln
Tel. 0221/942220
www.brasserie-fou.de
Öffnungszeiten:
täglich 12–15 Uhr und 18–23 Uhr,
sonntags ab 15 Uhr geschlossen

Café Stanton

Ein Blick auf die Außenseite der Speisekarte sagt mehr als tausend Worte. Zu sehen ist ein Fotoausschnitt, auf dem ein Mann sein Haustier über Kopfsteinpflaster an der Leine ausführt. Das Tierchen ist eine Schildkröte. Das Bild symbolisiert die Geschäftsphilosophie des Stanton bestens.

Das Restaurant möchte eine Oase der Ruhe inmitten der Einkaufshektik auf der Schildergasse sein. An dem Versuch der Entschleunigung beteiligt sich das Servicepersonal glücklicherweise nicht. Das Speisenangebot umfasst eine große Frühstückskarte. Wer das südamerikanische Frühstück wählt, bekommt Kartoffeltortilla, Chilibohnen, Würstchen und Spiegelei serviert. Auf der Speisekarte finden sich Standardgerichte wie ein Tapasteller in verschiedenen Größen und Ciabatta mit Salat, ergänzend gibt es eine Tageskarte mit wechselnden Gerichten, wie zum Beispiel: Salat mit Ziegenkäse in Brickteig, Zanderfilet unter Parmesankruste oder hausgemachte Kaninchen-Bärlauch-Ravioli. Einige Gerichte gibt es wahlweise als kleine Portionen. Außerdem werden auf Anfrage Kinderportionen gereicht, die sind noch kleiner und preiswerter. Zum Kaffee gibt es selbstgebackenen Kuchen. In der Küche des Stanton werden viele Bio- und fair gehandelte Produkte (zum Beispiel Kaffee) verarbeitet.

Die Naturholztische mit Holzbänken oder robusten Stühlen stehen so weit auseinander, dass die Gespräche vom Nebentisch nicht stören. Kinderwagen können problemlos mit ins Lokal genommen werden. Große Fensterfronten lassen das Stanton selbst bei trübem Wetter angenehm hell erscheinen. Der Hit sind die imposanten Lüster an der Decke, die von den Künstlern Bettina Gruber und David Smithson als Unikate angefertigt wurden. Im Sommer lädt eine kleine Terrasse im Schatten der Antoniterkirche zum Verweilen ein. Samstags gibt es Livemusik (nicht in den Sommermonaten). Das Stanton kann für Gesellschaften bis zu hundert Personen gemietet werden.

 Ausstattung

- Kinderstühle
- Wickelplatz
- Spielsachen und Bilderbücher

 Besonderheiten

- Innenstadtlage
- Fußgängerzone
- kleiner Außenbereich
- Kinderportionen auf Anfrage
- Eine-Welt-Laden direkt nebenan
- Fleisch aus eigener Rinder- und Schweinezucht
- Deckenleuchter können als Sonderanfertigung bestellt werden

Café Stanton
Schildergasse 57
50667 Köln
Tel. 0221/2710710
www.cafe-stanton.de
Öffnungszeiten:
Mo bis Fr 9.30–1 Uhr,
Sa 9–1 Uhr, So 10–1 Uhr

 Preistafel (Beispiele)

Getränke

- Wasser 0,25 Liter zu 1,90 €
- Apfelschorle (bio) 0,2 Liter zu 2,20 €
- Säfte (frisch gepresst) 0,2 Liter zu 3,40 €
- Getreidemilchkaffee 2,80 €
- Kaffee 2,20 €
- Espresso 1,80 €
- Latte macchiato 2,80 €

Speisen

- Kleines Frühstück 5,90 €
- Südamerikanisches Frühstück 7,80 €

- Möhrensuppe mit Orangen 4,20 €
- Tomatensuppe mit Sahne 4,40 €
- Ciabatta mit Salat 5,20 bis 6,20 €
- Gemüse mit Mozzarella gratiniert und Salat 10,90 €
- Zanderfilet unter Parmesankruste in Paprikasugo mit Petersilienkartoffeln 16,50 €, klein 14,50 €

Gaffel am Dom

Ob ein ruhiges Eckchen oder einen großen Tisch für eine fröhliche Runde – das Gaffel am Dom bietet auf verschiedenen Ebenen für jeden Gast den richtigen Platz. Das Brauhaus ist so geräumig, dass sich Kinder problemlos zwischen den Tischen bewegen können. Im Außenbereich zum Kölner Hauptbahnhof hin befinden sich zahlreiche Sitzplätze. Kinderwagen lassen sich bequem abstellen. Die stören auch im Innenbereich nicht.

Das Gaffelbrauhaus bietet eine extra Kinderkarte mit Klassikern wie Spaghetti, Hähnchenschnitzelchen und Minifrikadellen. Bei vielen Kindern kommen aber auch typisch kölsche Gerichte wie Reibekuchen mit Apfelmus, Halver Hahn, Pellkartoffeln mit Quark oder Kartoffelsuppe gut an. Wer einen »Räuberteller« bestellt, darf sich ungestraft von den Tellern der Eltern oder Großeltern bedienen. Vorausgesetzt, die wollen das auch.

Im Erdgeschoss können ein Sudkessel und eine Backstube hinter einer Glasfront besichtigt werden. Das Brot wird im Brauhaus selbst lediglich ausgebacken. Die Teiglinge liefert eine Bäckerei zu. Es gibt im Haus einen eigenen Reifekeller für Käse.

Ausstattung

- Kinderstühle
- Ausmalbilder und Buntstifte
- Wickelplatz auf Anfrage

Besonderheiten

- Einsehbare Backstube
- Nähe zu Dom, Bahnhof und Einkaufsstraßen Schildergasse und Hohe Straße sowie Breite Straße
- 1200 Plätze plus Außengastronomie
- Außenterrassen auf dem Bahnhofsvorplatz und in der Trankgasse, 1. März bis 30. September geöffnet
- WLAN

Preistafel (Beispiele)

Getränke

- Kindergetränke: Säfte 0,2 Literfläschchen 2,30 bis 2,80 €
- Wasser (Rheinfelsquelle) 0,2 Liter zu 2,10 €; Flasche 0,75 Liter zu 6,10 €
- Apfelsaftschorle (Fläschchen) 0,2 Liter zu 2,10 €
- Bionade 2,90 €
- Kölsch 0,2 Liter zu 1,60 €
- Kakao 2,70 €
- Espresso 2,00 €
- Latte macchiato 3,10 €

Speisen

Kinderkarte:
- Minifrikadellen mit Kartoffelpüree 5,90 €
- Spaghetti Bolognese 4,90 €
- »Räuberteller« 0,00 €

- 3 Reibekuchen mit Apfelkompott 6,90 €
- »Himmel und Äd« 8,90 €
- Sauerbraten in Rosinensauce 15,90 €

Gaffel am Dom
Bahnhofvorplatz 1
50667 Köln
Tel. 0221/9139260
www.gaffelamdom.de
Öffnungszeiten:
Vom 1. Oktober bis zum 30. März:
Mo bis Do und So
11.30–00.00 Uhr,
Fr und Sa 11.30–02.00 Uhr;
Vom 1. April bis zum 30. September:
Mo bis Do und So
9.30–00.00 Uhr,
Fr und Sa 9.30–2.00 Uhr

Holtmann's im MAK

Das Holtmann's im Museum für Angewandte Kunst ist ein Kaffeehaus mit Ausblick. Bei schönem Wetter sitzen die Gäste im ruhigen Innenhof, nur wenige Meter vom Trubel der Hohe Straße entfernt. Sehr schön anzusehen, auch vom Café aus, sind die Fenster der angrenzenden Minoritenkirche. Im Innenhof lässt sich prima Herumlaufen und sogar Roller fahren. Es gibt einen flachen Springbrunnen im Hof, der auf Kinder eine große Anziehungskraft ausübt. Also für alle Fälle trockene Kleidung zum Wechseln mitnehmen.

Auf der Speisekarte stehen kleine Gerichte wie Quiche oder Joghurt mit Früchten. Beim Kindergericht offenbart die Küche einen Blick fürs Wesentliche. Serviert werden beispielsweise Penne Rigate, die gerade für jüngere Kinder einfacher zu essen sind als Spaghetti. Das Gericht ist zurückhaltend gewürzt und nicht mit Parmesankäse bestreut. Kein Versehen, sondern bewusst, da Kinder nach der Erfahrung des Kochs das so lieber mögen.

 Ausstattung

- Kinderstühle
- Wickelplatz

 Besonderheiten

- Kindergericht
- Museum für Angewandte Kunst
- Innenhof mit Außengastronomie
- Domnähe
- Große Auswahl an internationalen Zeitungen
- WLAN
- »Kunst und Frühstück«-Angebot jeden ersten Sonntag im Monat

---

Holtmann's im MAK
An der Rechtschule
50667 Köln
Tel. 0221/27798860
www.holtmanns.com
Öffnungszeiten:
Di bis So 11–17 Uhr,
Sa 10–18 Uhr

 Preistafel (Beispiele)

Getränke
- Wasser 0,2 Liter zu 2,80 €; Flasche 0,75 Liter zu 6,50 €
- Apfelsaft 0,2 Liter zu 2,80 €
- Kakao 2,70 €
- Espresso 2,90 €
- Latte macchiato 4,00 €

Speisen
- Frühstück 6,00 €
- Croissant mit Marmelade 2,20 €
- Joghurt mit frischen Früchten 4,50 €
- Kindergericht: zum Beispiel Pasta mit Tomatensauce 5,00 €
- Eintopf 5,50 €
- Maultaschen im Gemüsesud 9,50 €
- Heringsstipp »Hausfrauenart« 9,50 €
- Eine Tasse Kaffee und ein Stück Kuchen 5,00 €

Maredo

Das Angebot und die Ausstattung ist in den Restaurants der Maredo-Kette identisch. Das Maredo am Heumarkt weist aber einige Vorteile auf, die die »Schwestern« nicht haben. Das Haus liegt in der Nähe des Rheins und der Schiffsanlegestelle Frankenwerft. Gleichsam in seinem Rücken, am Eisenmarkt, ist das Kölner Hänneschen-Theater zu Hause. Bei gutem Wetter wird auch auf einer Terrasse serviert. Zwischen dem Restaurant und dem verkehrsberuhigtem Heumarkt gibt es eine schmale Straße, die für den öffentlichen Verkehr zugelassen, aber nicht stark befahren ist.

Bei der Speiseauswahl hilft die ansprechend aufgemachte Kinderkarte. Neben Klassikern wie Fischstäbchen, Spaghetti und Schnitzel werden kleine Puten- oder Hüftsteaks mit Pommes frites, Crêpes mit süßer Füllung und Kindersalat vom Buffet angeboten. Beim »Kids-Menü« werden neben Steak und Pommes frites, ein Getränk und ein Eisbecher serviert. Ein kleines Geschenk gibt es noch dazu. Für die Großen stehen klassische Steakhaus-Gerichte wie Steaks vom Rind, Schwein, Lamm und Geflügel auf der Karte. Dazu gibt es diverse Beilagen. Mittags werden außerdem täglich wechselnde Gerichte serviert. Eine Spezialität der Maredo-Kette ist das Salatbuffet. Auf Anfrage gibt es eine »Allergenfibel« mit Informationen für Nahrungsmittel-Allergiker. Darin ist sehr detailliert beschrieben, welche Stoffe in welchen Speisen enthalten sind.

Ausstattung

- Kinderstühle
- Mal-Utensilien
- Kleine Spielsachen
- Wickeltisch

 Besonderheiten

- Kinderkarte
- Kindergetränke
- Nähe zum Rhein
- Nähe zum Hänneschen-Theater
- »Allergenfibel«
- WLAN

 Preistafel (Beispiele)

Getränke
- Kindergetränke 0,2 Liter: Apfelsaft 2,10 €; Limonade 1,30 €
- Limonade 0,3 Liter zu 2,30 €
- Orangensaft (frisch gepresst) 0,2 Liter zu 2,95 €
- Wasser 0,25 Liter zu 2,20 €
- Bionade 0,33 Liter zu 2,70 €
- Heiße Schokolade 1,90 €
- Espresso 2,10 €
- Kaffee 2,10 €
- Latte macchiato 2,50 €

Speisen
Kinderkarte:
- 4 Fischstäbchen mit Pommes frites 4,20 €
- Hüftsteak (100 Gramm) mit Pommes frites 5,60 €
- Crêpes mit süßer Füllung 1,80 €
- Kindersalat 2,60 €

- Mittagsgerichte 7,50 €
- Rumpsteak (180 Gramm) 12,50 €
- Lammrückensteak (200 Gramm) 10,95 €
- Beilagen: Blattspinat 2,80 €, Pommes frites 2,60 €
- Lachsfilet mit Reis und Sauce nach Art béarnaise 13,20 €
- Salat vom Buffet (Teller) 4,90 €
- Salat »All you can eat« 6,50 €

Maredo
Am Heumarkt 42–44
Tel. 0221/2581177
www.maredo.de
Öffnungszeiten:
So bis Do 11.30 – 23.30 Uhr,
Fr bis Sa 11.30–24 Uhr

Die Frage »Verwenden Sie Bio-Produkte?« erübrigt sich im Naturata Bio-Bistro. Denn in dem Selbstbedienungsrestaurant in der Krebsgasse in der Kölner Innenstadt stehen ausschließlich Naturprodukte auf der Speisekarte. Überdies verspricht ein Schild auf der Verkaufstheke: »Wir arbeiten ohne Gentechnik«. Praktischerweise kann sich der Koch bei der Zubereitung der Speisen im hauseigenen Bio-Supermarkt bedienen. Das Bistro ist an einen Markt mit etwa 1000 Quadratmetern Verkaufsfläche angeschlossen. Dazu zählen: Naturkostsupermarkt, Bäckerei, Frischfleischabteilung, Kinderspielzeug, Ökotextilien.

Kinder werden beim Betreten des Bistros wohl weniger vom Duft der Gemüsefrikadellen angezogen, sondern vielmehr von der großen Spielzeugeisenbahn im Eingangsbereich. Holz dominiert auch sonst in dem geräumigen Bistro mit seinen dreißig Sitzplätzen. Die Möbel sind aus hellem Naturholz. Als Kontrast dazu wurden knallrote Sitzpolster gewählt.

Bei den Speisen stehen diverse Salate, die in einer eigenen Salatbar angerichtet sind, und täglich wechselnde warme Gerichte zur Auswahl. Zudem belegte Vollkornbrötchen, Quiches, Baguettes und Kuchen. Erwähnenswert ist die große Auswahl an Limonaden und Säften. Das gesamte Angebot wird auch für Kinder gut sichtbar präsentiert. Kinder und ältere Menschen bekommen auf Wunsch alle warmen Gerichte auch in kleineren Portionen und zahlen dann zwei Drittel des Preises.

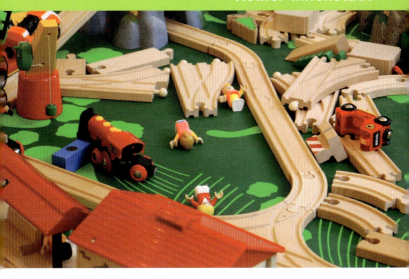

 ## Ausstattung

- Kinderstuhl
- Große Spielzeugeisenbahn
- Wickelplatz in der benachbarten Textil- und Holzspielzeugabteilung

Besonderheiten

- Alle Speisen und Säfte aus biologischem Anbau
- Selbstbedienungsrestaurant (keine langen Wartezeiten)
- Naturkostsupermarkt mit Bäckerei, Frischfleischabteilung, Kinderspielzeug, Ökotextilien auf 1000 Quadratmetern Verkaufsfläche
- Gut sortierter Spielzeugladen mit kindgerechtem Holzspielzeug
- Nähe zum Kölner Stadtmuseum, etwas weiter entfernt Dom und Heinzelmännchenbrunnen.

Preistafel (Beispiele)

Getränke
- Wasser 0,2 Liter zu 1,30
- Diverse Säfte 0,2 Liter zu 2,00 €
- Frisch gepresster Orangensaft 0,2 Liter 3,50 €
- Diverse Limonaden 0,2 Liter zu 1,60 €
- Tasse Kakao 1,90 €
- Latte macchiato 2,40 €
- Kaffee 1,40 €

Speisen
- Gemüsefrikadelle 1,60 €
- Quiche 2,70 €
- Diverse Salate aus der Sichttheke: Preis nach Größe
- Belegte Vollkornbrötchen 2,20 €
- Wechselnde warme Tagesgerichte von 4,90 bis 12,00 € (vegetarisch 6,90 €)

Naturata Köln
Inhaber: Naturata GmbH
Krebsgasse 5–11
50667 Köln
Tel. 0221/337734-0
www.naturata-koeln.de
Öffnungszeiten:
Mo bis Fr 10–20 Uhr,
Sa 9–19 Uhr

Stadtgarten-Restaurant

Zur Stadtgarten-Gastronomie gehören ein Café-Restaurant, das Gartenrestaurant Al Bosco und ein Biergarten. Die Betreiber verstehen sich als »frühe Weggefährten« der Slowfood-Bewegung. Die Küche verzichtet weitgehend auf den Einsatz von Tiefkühlkost und vorgefertigten Speisen. Etliche der verwendeten Zutaten stammen aus biologischem Anbau, saisonale Besonderheiten werden bei der Zusammenstellung der Gerichte berücksichtigt. Bei der Auswahl der Speisen beweist der Koch des Stadtgarten-Restaurants Fantasie. Er richtet Rucola und Ziegenkäse auf Reibekuchen an oder brät Wiener Schnitzel zu Kartoffel-Gurkensalat mit Preiselbeeren. Auf der Tageskarte stehen wechselnde Gerichte der Saison.

Vom Biergarten führt ein Weg zur Parkanlage Stadtgarten. In der Weihnachtszeit verwandelt sich der Biergarten in einen stimmungsvollen Weihnachtsmarkt. Dann gibt es Plätzchen und Glühwein.

 ## Ausstattung

- Kinderstühle
- Wickelplatz

Besonderheiten

- Kindergericht
- Kindergetränk
- Spielplatz im benachbarten Park
- Barrierefrei
- Biergarten
- WLAN
- Konzertsaal
- Gastronomie der Jazzhaus-Initiative
- Gerichte aus dem Biergarten auch für Selbstabholer
- Weihnachtsmarkt in der Adventszeit

Preistafel (Beispiele)

Getränke
- Wasser 0,2 Liter zu 1,40 €; 0,75 Liter zu 5,20 €
- Orangina 2,40 €
- Bionade 2,70 €
- Kinderkakao 1,50 €
- Espresso 1,90 €
- Latte macchiato 2,60 €

Speisen
- Kindergericht 3,50 €
- Täglich wechselndes Mittagsmenü: zwei Gänge mit Getränk 12,50 €
- Vegetarischer Vorspeisenteller 10,00 €
- Kartoffel-Lauch-Suppe 4,90 €
- Hausgemachte Currywurst mit Fritten 7,90 €
- Rucola auf Reibekuchen mit gratiniertem Ziegenkäse 11,00 €

Stadtgarten-Restaurant
Venloer Str. 40
50672 Köln
Tel. 0221/9529940
www.stadtgarten.de
Öffnungszeiten:
Café-Restaurant:
Mo bis Do 12–1 Uhr,
Fr und Sa 12–2 Uhr,
So und feiertags 10.30–1 Uhr;
Biergarten: 12–24 Uhr;
Gartenrestaurant »Al Bosco«:
18–24 Uhr (wetterabhängig)

Die gastliche Mission zweier Gastronomen aus Bonn in Berlin begann im Jahr 1997. Im Zuge des Umzugs der Regierung nach Berlin eröffneten sie in der neuen Hauptstadt ein Brauhaus rheinischer Tradition, die Ständige Vertretung, kurz StäV. Seither gibt es in einigen Städten Ableger der StäV. Im Rhein-Hotel Sankt Martin am Fischmarkt in der Kölner Altstadt ist die erste Ständige Vertretung im Rheinland. Das Rheinhotel mit der früheren Gaststätte »Sankt Martinchen« wurde im Volksmund auch »Rote Kapelle« genannt, weil sich dort die Kölner Sozialdemokraten trafen, bevor sie zur Ratssitzung gingen. Das liebevoll eingerichtete Lokal mit den StäV-typischen Politikerfotos an den Wänden als sichtbarer Streifzug durch die deutsche Geschichte liegt direkt an der Rheinpromenade. Die Gaststube bietet viel Platz, hat aber durch ihre rechtwinklige Anlage keinen Markthallencharakter.

Die Speisekarte erinnert an eine Tageszeitung und darf auch mit nach Hause genommen werden. Angeboten werden unter anderem kölsche Gerichte wie Krüstchengulasch, Halver Hahn oder Rheinischer Sauerbraten. Daneben auch italienische Gerichte, Flammkuchen oder Schnitzel in verschiedenen Variationen. Für Kinder bis zwölf Jahren, die hier »politischer Nachwuchs« heißen, gibt es eigene Gerichte. Im Angebot sind Schnitzel, Fischstäbchen, Spaghetti, Hähnchen-Crossies mit Beilagen oder ein kleiner Salat. Im Preis ist

jeweils ein 0,2 Litergetränk enthalten. Wer den »Räuberteller« für 0,00 Euro wählt, darf sich von den Tellern der Großen am Tisch bedienen.

Im Sommer gehört ein weitläufiger Biergarten zum Haus. Da ringsum Fußgängerzone ist, bietet vor allem der frühere Fischmarkt ausreichend Platz für die Kinder zum Herumtoben.

 Ausstattung

- Kinderstühle
- Mal-Utensilien
- Spielzeug
- Wickelplatz

 Besonderheiten

- Kinderkarte
- Speisen werden in sieben Sprachen angeboten
- Rheinpromenade
- Dom und Hauptbahnhof in der Nähe
- Schiffsanlegestelle Frankenwerft in der Nähe
- Mehrere Parkhäuser in der Nähe

Ständige Vertretung
Frankenwerft 31–33
50667 Köln
Tel. 0221/66990221
www.staev-koeln.de
Öffnungszeiten:
täglich 11–1 Uhr

 Preistafel (Beispiele)

Getränke
- Wasser (Apollinaris) 0,25 Liter zu 2,10 €
- Fanta, Sprite, Coca Cola 0,2 Liter zu 1,90 €
- Kölsch 0,2 Liter zu 1,60 €
- Weizen 0,5 Liter zu 3,90 €
- Heiße Schokolade braun oder weiß 2,40 €
- Espresso 2 €
- Latte macchiato 2,70 €

Speisen
Kinderkarte:
- Kleines Schnitzel mit Pommes (inkl. Kindergetränk) 5,50 €
- Spaghetti mit Tomatensauce (inkl. Kindergetränk) 4,10 €
- Kleiner Beilagensalat für Kinder 2,50 €

- Eifeler Kartoffelsuppe 4,90 €
- Halver Hahn 4,50 €
- Krüstchengulasch in der Brottasse 9,90 €
- Rheinischer Sauerbraten mit Rotkohl und Klößen 14,90 €

35

Kölner Norden

Adolph's Gasthaus

Unter dem Dach von Adolph's Gasthaus in Köln-Weidenpesch vereinigen sich ein Hotel, ein Restaurant, ein Café und eine Bäckerei. Der Familienbetrieb – mittlerweile ist die dritte Generation eingestiegen – existiert bereits seit 50 Jahren, angefangen hatte es einst mit einer Bäckerei. Klar, dass die Brotspezialitäten, die zum Essen gereicht werden, ebenso wie das Brötchen des Kinderfrühstücks aus der hauseigenen Backstube stammen. Eine gelungene Idee ist die Speisekarte für Kinder, die zugleich als Ausmalbild verwendet werden kann. Außerdem gibt es für die jungen Gäste eigene Untersetzer und unzerbrechliche Kindergläser. Neben Klassikern wie Nudeln mit Tomatensauce oder Hähnchennuggets mit Pommes frites stehen auch Reibekuchen mit Apfelmus oder ein Rührei mit Gemüse auf der Kinderkarte. Nach Absprache gibt es auch Gerichte von der Hauptkarte als Kinderportionen. Auf der Speisekarte für die großen Gäste stehen gehobene Cross-over-Gerichte, die durch regionale und saisonale Spezialitäten ergänzt werden: zum Beispiel Kalbskotelett mit frischen Pfifferlingen und Kartoffelgratin, Spaghetti mit Doradenfilet oder Filetmedaillons vom Bio-Schwein mit Champignons und Rösti. Ein guter Tipp ist die Wahl des Überraschungsmenüs, da bestimmt der Koch, was auf den Teller kommt.

Im Garten, der eigentlich den Hotelgästen vorbehalten ist, dürfen auch die jungen Gäste des Restaurants spielen. Es gibt ein Kletterholzhaus mit Rutsche und eine Schaukel. Bei schönem Wetter wird auch Außengastronomie angeboten. Das Restaurant ist innen durchgängig in den Farbtönen grau und rot gehalten, das verleiht dem Raum eine edle Note. Ein besonderer Hingucker ist der Fußboden. Der erinnert vom Muster her an alte Teekisten.

 Ausstattung

- Kinderstühle
- Mal-Utensilien und Spielzeug
- Wickelplatz

! **Besonderheiten**

- Kinderkarte (auch zum Ausmalen)
- unzerbrechliche Kindergläser
- Kinderbesteck
- Spielwiese mit Klettergerät hinter dem Haus
- Frühstückskarte
- Kuchenkarte
- gute Parkmöglichkeiten vorm Haus
- gute Straßenbahnanbindung
- Außengastronomie
- Bäckerei direkt am Restaurant
- WLAN
- Sonderveranstaltungen wie Lesungen oder Musikabende

Adolph's Gasthaus
Hotel-Restaurant-Café-Bäckerei
Rüdellstr. 1
50737 Köln
Tel. 0221/9745151
www.adolphsgasthaus.de
Öffnungszeiten
Restaurant und Café:
Mo bis So 9–24 Uhr

 Preistafel (Beispiele)

Getränke

- Kindergetränk 0,1 Liter zu 1,00 €
- Wasser 0,25 Liter zu 1,90 €; 0,75 Liter zu 5,60 €
- Säfte (zum Teil frisch gepresst) 0,2 Liter zu 2,20 €
- Fanta, Coca Cola 0,2 Liter zu 1,90 €
- Bionade 0,33 Liter zu 2,80 €
- Kölsch 0,2 Liter zu 1,50 €; 0,3 Liter zu 2,20 €
- Weizen 0,5 Liter zu 3,50 €
- Kakao 2,30 €
- Espresso 2,00 €
- Kaffee 1,90 €
- Latte macchiato 2,90 €

Speisen
Kinderkarte:

- Kinderfrühstück 3,90 €
- 3 Reibekuchen mit Apfelmus 5,00 €
- Rührei mit Gemüse 6 €
- Kindereis 1,50 €

- Italienischer Antipastiteller mit mariniertem Gemüse 8,50 €
- Grillteller mit Fisch und Fleisch, dazu Pommes Frites und Salat 16,50 €
- Kalbskotelett mit frischen Pfifferlingen und Kartoffelgratin 19,80 €

Alte Feuerwache

Das Café und Restaurant Alte Feuerwache heißt so, weil sich das Lokal tatsächlich in der früheren Wagenhalle der ehemaligen Feuerwehr-Hauptwache im Kölner Norden befindet. Das Lokal, das dem Bürgerzentrum Ehrenfeld angegliedert ist, bietet Restaurant, Kneipe, Aufenthaltsraum und Treffpunkt – und ist in jeder Hinsicht auch auf kleine Gäste eingestellt. Es werden verschiedene Kinderteller zubereitet, zum Beispiel Tortellini Ricotta. Da wochentags ein Buffet angeboten wird, können Lieblingsgerichte problemlos zusammengestellt werden.

Die Räume und das Außengelände sind weitläufig, sodass Kinder viele Entfaltungsmöglichkeiten haben. Auf dem gepflasterten Hof lässt sich vortrefflich Roller oder Bobby Car fahren. In dem Innenhof sind Tischtennisplatten und eine Spielecke aufgebaut. Da es sehr schwierig, ja fast unmöglich ist das Auto in der Nähe der Alten Feuerwache abzustellen, sollten Gäste von auswärts möglichst mit öffentlichen Verkehrsmitteln oder dem Fahrrad anreisen.

Ausstattung

- Kinderstühle
- Kinderzeitschriften
- Wickelplatz

 Besonderheiten

- Kinderkarte
- Kindergetränke
- Kindergeschirr
- Viel Platz für Kinderwagen
- Geräumiger Innenhof mit Tischtennisplatten und Spielecke
- Wechselnde Tageskarte und Themenbuffets
- Sonn- und Feiertagsbrunch von 10.00–14.00 Uhr
- Große Terrasse mit 250 Außenplätzen
- Bürgerzentrum angeschlossen
- WLAN

 Preistafel (Beispiele)

Getränke

- Kindergetränke 0,1 Liter: Wasser 0,70 €; Apfelsaft 1,10 € Apfelsaftschorle und Fanta 1,00 €
- Wasser 0,2 Liter zu 1,40 €
- Rhabarberschorle 0,2 Liter zu 2,20 €
- Kinderkakao 1,20 €
- Espresso 1,90 €
- Latte macchiato 2,00 €

Speisen

- Kinderteller Tortellini Ricotta 4,60 €
- Pellkartoffel mit Kräuterquark 2,50 €
- Tagessuppe 3,40 €
- Bauernsalat 5,80 €
- Fladenbrot mit Tomate und Holländer überbacken 4,20 €
- Rumpsteak Argentina mit Kräuterbutter, Pommes und Salat 14,50 €

Alte Feuerwache
Melchiorstr. 3
50670 Köln
Tel. 0221/737393
www.altefeuerwachekoeln.de
Öffnungszeiten:
täglich von 10–1 Uhr

Altenberger Hof
Restaurant-Café-Biergarten-Catering
Mauenheimer Str. 92
50733 Köln-Nippes
Tel. 0221/5348077
www.lokal-koeln.de
Öffnungszeiten:
täglich von 12–24 Uhr,
So und feiertags ab 10 Uhr

Altenberger Hof

Das Restaurant Altenberger Hof grenzt an das Bürgerzentrum Nippes an. Zum Gastronomiebereich gehören ein Veranstaltungssaal und zwei Biergärten. Einer ist vor dem Haus in einem großen umschlossenen Innenhof. In einem bunten Bauwagen, der vom Bürgerzentrum bereitgestellt wird, gibt es jede Menge Spielzeug für Kinder. Hinter dem Haus, neben der Außenterrasse zum so genannten Nippeser Tälchen hin, ist ein weiterer Spielplatz mit Korbschaukel und Sandkasten. Ältere Kinder können etwas weiter in den Park hineingehen. Da gibt es unter anderem einen Wasserspielplatz. Die Gäste repräsentieren einen bunten Querschnitt verschiedener Nationalitäten.

Die Speisekarte wird ergänzt durch eine Tageskarte. Die hält Gerichte wie Cocos-Curry, Hühnchen oder Elsässer Flammkuchen bereit. Es gibt ein sehr breites Sortiment an Säften und Kaffeesorten. Sonn- und feiertags wird Brunch angeboten, sonntags ab 14 Uhr ein Kuchenbuffet.

 Ausstattung

- Kinderstühle
- Kinderzeitschriften
- Spielgerät: für draußen
  zum Beispiel Bobby Cars
- Wickelplatz

 Besonderheiten

- Sonn- und Feiertagsbrunch von
  10.00–14.00 Uhr
- Zwei Biergärten
- Mehrere Spielplätze
- Bürgerzentrum angeschlossen
- WLAN

€ **Preistafel** (Beispiele)

Getränke
- Kindergetränke 0,1 Liter:
  Wasser 0,70 €, Apfelsaft 1,10 €
  Apfelsaftschorle und Fanta 1,00 €
- Wasser 0,2 Liter zu 1,40 €
- Rhabarberschorle 0,2 Liter zu 2,20 €
- Kinderkakao 1,20 €
- Espresso 1,90 €
- Latte macchiato 2,00 €

Speisen
  Kinderkarte:
- Kinderteller Tortellini Ricotta 4,60 €
- Pellkartoffel mit Kräuterquark 2,50 €

- Tagessuppe 3,40 €
- Elsässer Flammkuchen
  mit Salat 7,20 €
- Thunfischsteak in Kapernbutter
  mit Rosmarinkartoffeln und
  Rucola 12,20 €
- Kalbsrückensteak auf Portweinjus
  mit Bohnen und Kroketten 13,80 €
- Kugel Eis nach Wahl 1,00 €

boyce and girls

Schon der Name boyce and girls verrät ganz viel über das Binnenklima des Familiecafés in der Balthasarstraße. Im Mittelpunkt stehen die Jungen und Mädchen, also die jungen Gäste. In der englischen Übersetzung wären das boys and girls. Der gleichklingende Name des Lokals ist beileibe nicht falsch geschrieben, denn »Boyce« heißt die Besitzerin Tina mit Nachnamen. Als sich die Mutter von zwei kleinen Kindern vor nicht allzu langer Zeit als Gastronomin selbstständig machte, wählte sie diese ebenso witzige wie sympathische Wortschöpfung. Wer's hört, weiß gleich, was gemeint ist. Zumindest wird der Gast auf die richtige Spur gesetzt. Es geht um die Belange des Nachwuchses,

aber auch um die Bedürfnisse der Eltern. Denn das Familiencafé ist ein beliebter Treffpunkt für Mütter und Väter, wobei die Mütter in der Überzahl sind. Dem Café angeschlossen ist ein Geschäft, in dem Kinderkleidung, auch gebrauchte, angeboten wird. Außerdem Schuhe und Kinderwagen. Die »boys and girls« vergnügen sich in der vom Café und Verkaufsraum abgetrennten Spielecke. Oder sie flitzen mit einem Bobby Car durch die Gegend. Mitunter so schnell, dass sich die Erwachsenen mit einem noch schnelleren Sprung zur Seite in Sicherheit bringen sollten. Kinder haben hier ganz eindeutig Vorfahrt.

Auf der überschaubaren Speisekarte wird Selbstgebackenes wie Möhrenkuchen oder Joghurttorte angeboten. Außerdem ein täglich wechselndes Mittagsgericht wie beispielsweise Nudeln mit Pesto. Für Kinder gibt es auf Wunsch auch eine kleine Portion Penne mit Butter.

Ausstattung

- Kinderstühle
- Spielsachen, Bücher, Bobby Car
- Wickelplatz

Besonderheiten

- Kindergerichte
- Kindergetränke
- Kinderspielecke
- Mit First- und Secondhandladen
  für Kindermode

Preistafel (Beispiele)

Getränke

- Kindergetränke, zum Beispiel
  Kinderschorle 0,50 €
- Wasser 0,2 Liter zu 1,80 €
- Bionade 2,50 €
- Kinder-Milchschaum 0,50 €
- Kakao für Kinder 1,20 €;
  Kakao für Erwachsene 2,40 €
- Espresso 1,70 €
- Latte macchiato 2,40 €
- Bio-Glückstee 2,20 €

Speisen

- Belegtes Brötchen mit Aufschnitt
  nach Angebot 2,00 €
- Frische Dinkelwaffel mit Puderzucker
  1,50 €; mit Kirschen 2,00 €
- Nudeln mit Pesto 4,50 €
- Stück Kuchen 2,50 €

boyce and girls
Balthasarstr.65
50670 Köln
Tel. 0221/42348468
www.boyceandgirls.de
Öffnungszeiten:
Mo bis Fr 8–19 Uhr, Sa 10–18 Uhr

Café Eichhörnchen

Der Gastraum des Cafés Eichhörnchen ist ein umgebautes Laden-lokal eines ehemaligen Bioladens. Einladend sind die hellen Fenster-fronten und ein großer Tisch rechts neben der Eingangstür. An dem finden bis zu zwölf Personen Platz. Dazu kommen noch drei kleinere Einzeltische. Die Außengastronomie des Cafés ist in zwei Bereiche aufgeteilt. Es gibt einmal Plätze unter einer Markise direkt am Lokal. Da werden bei schlechtem Wetter auch gern die Kinderwagen abge-stellt. Auf einem kleinen Platz auf der gegenüberliegenden Seite der verkehrsberuhigten Straße, vor der katholischen Kirche, steht ein langer Tisch mit etwa dreißig Sitzplätzen.

Der Besitzer des Cafés Eichhörnchen Pierre Richard setzt beson-ders auf belgische Produkte wie edle Schokolade, ausgewählte Biere sowie belegte Brote mit Ardenner Schinken, Rillettes und Forellen-wurst. Die meisten Spezialitäten können auch zum Mitnehmen ge-kauft werden. Köstlich sind auch die selbstgebackenen Tartes und Quiches. Es gibt eine Frühstückskarte. Mitgebrachte Fläschchenkost wird aufgewärmt.

 ## Ausstattung

- Kinderstühle
- Spiele, Bilderbücher, Mal-Utensilien
- Wickelplatz

 ## Besonderheiten

- Frühstückskarte
- Selbstgebackenes
  (wie Croissants, Quiches,
  Kuchen, Kekse)

Café Eichhörnchen
Baudriplatz 2
50733 Köln
Tel. 221/1208888
Öffnungszeiten:
täglich ab 9 Uhr,
im Sommer bis 24 Uhr,
im Winter bis 19.30 Uhr
sonntags ab 10 Uhr

Preistafel (Beispiele)

Getränke
- Kindergetränke: 0,13 Liter zu 1,20 €
- Wasser 0,2 Liter zu 1,60 €
- Fläschchen Orangina 2,50 €
- Fläschchen Afri Cola 2,50 €
- Belgisches Bier:
  Kriek, Orval 0,25 Liter zu 2,60 €
- Kaffee 1,60 €
- Latte macchiato 2,50 €

Speisen
- Frühstück 6,00 bis 11,50 €
- Belegte Brote von 2,00 bis 6,20 €
- Quiche 3,60 €
- Kuchen 2,50 bis 3,50 €

Gasthaus Fühlingen

Zum Gasthaus Fühlingen gehören neben dem Restaurant, eine Schänke, eine Kegelbahn und der Germania-Saal, der für Gesellschaften bis zu 250 Personen gemietet werden kann. Alle Räume finden in einem Fachwerkhaus Platz.

Es gibt eine separate Kinderkarte, auf der Klassiker wie Hähnchennuggets, Schnitzel und Nürnberger Würstchen, jeweils mit Pommes frites, und Nudeln mit Tomatensauce zu finden sind. Auf Wunsch wird Salat oder Gemüse als Beilage serviert. Wer bei den Erwachsenen am Tisch die besten Happen räubern möchte, kann sich einen »Räuberteller« bestellen. Getränke für Kinder in kleineren Größen gibt es auf Nachfrage. Das Restaurant ist rustikal eingerichtet und rustikal ist auch das Speisenangebot der Hauptkarte. Es werden beispielsweise verschiedene Schnitzel-Variationen und rheinische Spezialitäten wie Krüstchengulasch serviert. Jeden ersten Sonntag im Monat gibt es ein Brunchbuffet. Dann wird für Kinder eine eigene Spielecke eingerichtet.

Im Sommer gibt es einen hübschen Biergarten vor dem Haus mit einem separaten Spielbereich. Der Clou des Hauses ist die vierspurige Carrerabahn. Die 25 Meter lange Bahn mit allen Schikanen wird auf Bestellung im Germania-Saal aufgebaut. Abgerechnet wird die Benutzung der Bahn stundenweise.

 Ausstattung

- Kinderstühle
- Mal-Utensilien
- Spielecke zum Sonntagsbrunch

! Besonderheiten

- Kinderkarte
- Zusätzliche Wochenkarte mit Tagesgerichten
- Brunch an jedem 1. Sonntag im Monat mit Spielecke
- Carrerabahn nach Vorbestellung (50 Euro pro Stunde)
- Großer Saal für Feierlichkeiten (bis zu 250 Personen)

Gasthaus Fühlingen
Neusser Landstr. 98
50769 Köln
Tel. 0221/7087056
mobil: 0177/4309389
www.gasthaus-fuehlingen.de
Öffnungszeiten:
Mo ab 17 Uhr,
Di bis Fr 12–14.30 Uhr
und ab 17 Uhr,
Sa ab 15 Uhr, So ab 10 Uhr

 Preistafel (Beispiele)

Getränke

- Wasser 0,3 Liter zu 2,20 €
- Apfelsaft und Orangensaft 0,2 Liter zu 1,90 €
- Apfelschorle 0,3 Liter zu 2,20 €
- Fanta, Coca Cola, Sprite 0,3 Liter zu 2,20 €
- Bionade 0,33 Liter zu 2,40 €
- Kölsch 0,2 Liter zu 1,50 €
- Kaffee 1,60 €
- Milchkaffee 2,60 €

- Brunchbuffet 15 €
  Kinder von 6 bis 12 Jahren zahlen die Hälfte

Speisen

- Kinderkarte (Preisauszeichnung in Cent):
- Nudeln mit Tomatensauce 280 Cent
- Kleines Schnitzel mit Pommes 390 Cent
- Hähnchennuggets mit Pommes 410 Cent
- »Räuberteller« 0 Cent

- Schnitzel Wiener Art 10,90 €
- Schnitzel Athena mit Feta und Tomate überbacken 11,70 €
- Spaghetti in Pesto-Sahne-Sauce mit gebr. Putenstreifen 10,70 €
- Friesischer Fischteller mit grünen Bohnen und Bratkartoffeln 11,90 €

Rennbahn Gastronomie

Das Rennbahn Gasthaus mit Biergarten befindet sich auf dem Gelände der Galopprennbahn im Kölner Norden. Die Rennbahn-Gastronomie bietet nicht nur Freunden des Pferdesports in kulinarischer Hinsicht einige Alternativen. Es gibt das geräumige Gasthaus, den Biergarten mit annähernd 800 Plätzen und das Buffet-Restaurant Hippodrom.

Im Gasthaus werden gutbürgerliche Gerichte angeboten. Neben der Stallmeisterplatte mit gegrillten Fleischstücken, Gemüse und Kartoffeln finden sich auch Tortelloni, Zanderfilet, gebratene Maishähnchenbrust und Kräuteromelett auf der Karte, die regelmäßig um saisonale Angebote wie Spargel oder Pfifferlinge erweitert wird. Es gibt zwei Kindergerichte, Spaghettini und Hähnchennuggets. Auf Wunsch werden aber auch andere Gerichte als Kinderportion serviert. Sonntags wird ein Frühstücksbuffet angerichtet.

Im Restaurant Hippodrom gibt es täglich ein Buffetangebot mit Vorspeisen, Hauptspeisen und Desserts zum Festpreis. Kinder von vier bis zwölf Jahren zahlen einen Euro pro Lebensjahr, eine Überraschung gibt es als Zugabe.

Kinder haben auf dem weiträumigen Rennbahngelände viel Entfaltungsmöglichkeiten. Es gibt eine kleinen Spielplatz und eine Wiese, die sogar groß genug zum Fußballspielen ist.

55

Ausstattung

- Kinderstühle
- Mal-Utensilien
- Wickelplatz

 Besonderheiten

- Kindergerichte
- Separate Eiskarte mit Kindereis

Auf dem Rennbahngelände:
- Spielplatz
- Wiese
- Großer Parkplatz
- Großer Biergarten mit separater Karte

 Preistafel (Beispiele)

Getränke

Die Preise der Getränke beziehen sich auf das Gasthaus. Die Preise im Biergarten und im Hippodrom können variieren.

- Wasser 0,25 Liter zu 2,20 €
- Cola, Fanta, Sprite 0,2 Liter zu 2,20 €
- Granini Säfte 0,2 Liter zu 2,50 €
- Kölsch 0,2 Liter zu 1,50 €
- Hefe-Weizen 0,5 Liter zu 3,80 €
- Espresso 2,20 €
- Kaffee 2,20 €
- Latte macchiato 2,80 €

Speisen im Gasthaus
- Frühstücksbuffet sonntags 15 € pro Person
- Kinder von 4 bis 12 Jahren pro Lebensjahr 1 €

  Kindergerichte:
- Hähnchennuggets mit Pommes 4,80 €
- Spaghettini mit Tomatensauce 5,20 €

- Tortelloni mit Spinat und Ricotta gefüllt in Tomatensauce 9,80 €
- Stallmeisterplatte mit gegrilltem Schwein, Rind, Pute, Speck, Grilltomate, Gemüse und Kartoffeln (für 2 Personen) 18,50 € pro Person
- Zanderfilet auf Zuckerschoten mit Salzkartoffeln 13,50 €

Speisen im Hippodrom
- Businesslunch 17,50 €
- Hippodrom-Buffet 28,00 € Kinder von 4 bis 12 Jahren pro Lebensjahr 1 €

Rennbahn Gastronomie
Gasthaus – Hippodrom – Biergarten
Scheibenstr. 40
50737 Köln
Tel. Gasthaus 0221/7408300
www.gasthaus-rennbahn.de
Tel. Hippodrom 0221/743344
www.hippodrom-koeln.de
Öffnungszeiten:
Gasthaus:
täglich ab 12 Uhr, So ab 9 Uhr
Hippodrom:
Mo bis Fr, So und feiertags
11.30–15 Uhr und 18–24 Uhr;
Sa 18–24 Uhr; von Januar bis
Oktober dienstags Ruhetag

Schwimmbad, Rhein-Sommergarten

Dort, wo sich vor etlichen Jahren große und kleine Schwimmer im Riehler Freibad abgekühlt haben, gibt es heutzutage nur noch Flüssiges aus dem Glas. In einem Teilbereich des stillgelegten Bades hat das Lokal »Schwimmbad, Rhein-Sommergarten« seine Heimat. Das Haus liegt am Rhein in der Nähe der Mülheimer Brücke. Gleich nebenan hat die Zirkusschule ihre Zelte aufgeschlagen. Zum Biergarten gehört ein großer, gut einsehbarer Spielplatz. Der blaue Anstrich und die blauen Boote vor der Tür erinnern noch an das erste Leben der Gaststätte.

Die Speisekarte bietet Biergartenkost wie Pommes frites – auch als Familienschüssel – Bratwurst, Schnitzel und Salate, zudem Tagessuppen, Chili con Carne und Calamares mit Pommes frites und Salat. Dazu gibt es Gerichte von der Tageskarte. Bestellt wird an zwei Schaltern. Schnelle Gerichte wie Pommes frites oder Würstchen

werden am Imbissschalter bestellt und mitgenommen. Wer à la carte essen möchte, bekommt sein Essen serviert. Für Autofahrer ist es etwas knifflig, auf Anhieb die richtige Zufahrt zu finden. Am besten fährt man über das Niederländerufer zum Parkplatz am AXA-Hochhaus oder auf den Parkplatz vor dem Jugend-Gästehaus. Fußgänger oder Radfahrer erreichen das Lokal am günstigsten vom Rheinufer aus.

 Ausstattung

- Kinderstühle
- Wickelplatz

! **Besonderheiten**

- Rheinnähe
- Kinderspielplatz

**Schwimmbad,
Rhein-Sommergarten**

An der Schanz 2a
50735 Köln
Tel. 0221/7602843
www.koeln-biergarten.de
Öffnungszeiten:
Mo bis Sa ab 12 Uhr,
So und feiertags ab 11 Uhr

€ **Preistafel** (Beispiele)

Getränke
- Kindergetränke: Wasser, Fanta,
  Apfelschorle 0,1 Liter zu 1,00 €
- Wasser (Gerolsteiner) 0,3 Liter zu
  1,90 €; 0,5 Liter zu 2,90 €
- Bionade 2,40 €
- Hellers Weizen 0,5 Liter zu 3,40 €
- Hellers Kölsch (Siphon) 2 Liter zu
  11,50 €
- Kakao (groß) 2,20 €
- Espresso 1,60 €
- Latte macchiato 2,40 €

Speisen
  Selbstbedienungs-Imbiss:
- Bockwurst, Krakauer oder Thüringer
  Rostbratwurst mit Brot 2,80 €
- Pommes frites (Riesenschüssel) mit
  Mayonnaise und Ketchup 7,50 €

  À la carte:
- Salatteller mit gebratenen Puten-
  bruststreifen 8,00 €
- Calamares à la Romana mit
  Pommes frites, Aioli und kleinem
  Salat 8,00 €

59

Taco Loco

Das Restaurant Taco Loco gibt es in Köln drei Mal, eine Filiale existiert in Hürth. Nur in dem Lokal in Köln-Nippes gibt es einen Kinderspielraum. In dieser Hinsicht zählt das Taco Loco auf der Kempener Straße zu den Pionieren in Köln. Der Raum liegt im hinteren Gastraum und ist über eine kleine Stufe zu erreichen. Kinder können mit Stofftieren spielen und sich auf einer Plastikrutsche vergnügen. Der Kinderspielraum ist eher schlicht eingerichtet, hat aber den Vorteil, dass er weit vom Eingangsbereich entfernt liegt. So können auch Kleinkinder gut im Auge behalten werden. Vor dem Restaurant gibt es einige Außenplätze, da die Kempener Straße sehr verkehrsreich ist, können Kinder nur bedingt draußen herumtoben.

Das Taco Loco bietet Gerichte der mexikanisch-amerikanischen Küche mit Chicken Wings und Steaks an. Es gibt eine Kinderkarte mit Gerichten wie Hamburgern, Kartoffel-Wedges, Putenbruststreifen und Mais-Chips. Eine Auswahl an alkoholfreien Cocktails erfreuen nicht nur Autofahrer, sondern auch Schwangere und stillende Mütter. Auf zwei großen Bildschirmen werden manchmal Sportereignisse übertragen.

 ## Ausstattung

- Kinderspielraum
- Kinderstühle
- Ausmalblatt auf Kinderkarte
- Wickelplatz auf Anfrage

 ## Besonderheiten

- Kinderkarte
- Außenterrasse zur Straße gelegen

Taco Loco
Kempenerstr 56
50733 Köln
Tel. 0221/723981
www.tacoloco.de
Öffnungszeiten:
Mo bis Sa ab 16 Uhr,
So ab 10 Uhr

 ## Preistafel (Beispiele)

Getränke
- Wasser 0,2 Liter zu 1,70 €; 0,75 Liter zu 5,20 €
- Glas Milch 0,2 Liter zu 1,20 €
- Fanta, Coca Cola, Sprite 0,2 Liter zu 1,70 €
- Amazonas (alkoholfreier Cocktail) 5,20 €
- Kakao mit Sahne 2,20 €
- Espresso 1,60 €
- Latte macchiato 2,30 €

Speisen
- Sonntagsbrunch (10–15 Uhr, nach Voranmeldung) 10,90 € pro Person. Kinder von 3 bis 12 Jahren zahlen 5,50 €.

Kinderkarte:
- Hot Dog mit Pommes 3,70 €
- Hamburger mit Pommes 3,70 €
- Eisbecher mit Smarties 1,90 €

- Chicken Wings 8,10 €
- Caesar Salat 7,70 €
- Steak »Mexico« 15,95 €
- Lemon Cheese Cake (Eistorte) 3,70 €

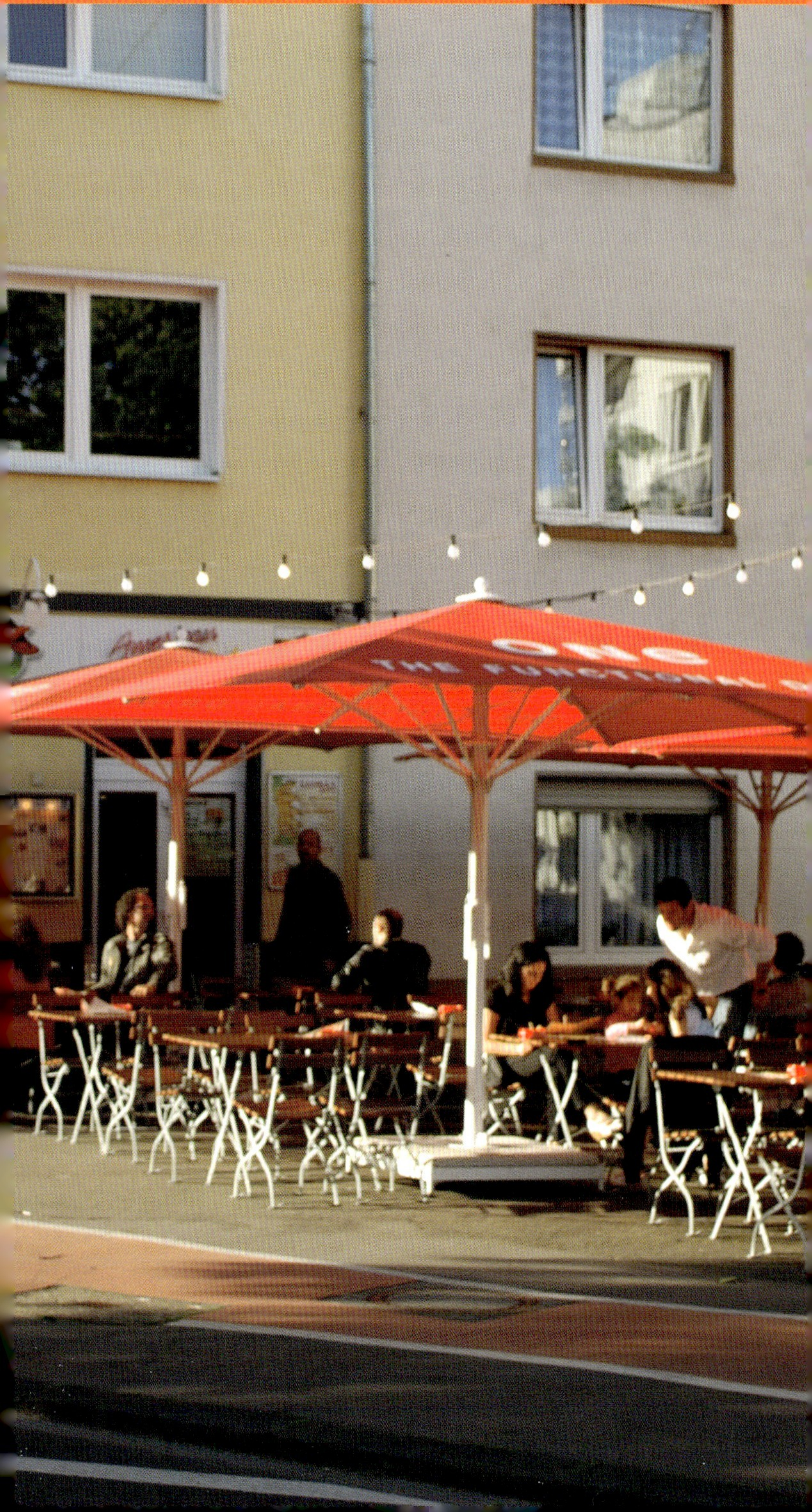

Zoo Gastronomie

Bei einem Besuch im Kölner Zoo üben die Fütterungen der Tiere einen besonderen Reiz auf kleine und große Tierfreunde aus. Bitten die Pfleger ihre tierischen Schützlinge zu Tisch, bilden sich regelmäßig Menschentrauben vor den Gehegen.

Im Zoo-Restaurant inmitten des Tierparks geht es etwas nüchterner zu. Das Selbstbedienungsrestaurant ist sehr weitläufig, bietet also gerade für größere Gruppen wie Schulklassen oder Kindergartengruppen ausreichend Platz. Da können sich die kleinen Gäste auch zwischen den Tischen bewegen, ohne den Betrieb aus dem Takt zu bringen. Die Speisekarte bietet Klassiker wie Schnitzel, Hähnchennuggets und Pommes frites. In einer Gemüsebar werden auch Pellkartoffeln mit Quark und natürlich Gemüse in unterschiedlich großen Portionen angeboten.

Nach Voranmeldung werden spezielle Angebote für Kindergeburtstage zusammengestellt. Das schließt einen mit Luftschlangen geschmückten Tisch und einen eigens für das Geburtstagskind gebackenen Kuchen mit ein. Das Essen wird vorher abgesprochen.

Das Restaurant verfügt über eine große Außenterrasse, daran grenzt ein Spielplatz an. Die Zoo-Gastronomie bietet mit dem Snack Point, dem Zoo-Imbiss, dem Café Kunterbunt und der Zebrasserie noch weitere Verpflegungsmöglichkeiten auf dem Gelände. Alle sind nur in Verbindung mit einem Zoobesuch erreichbar.

Ausstattung

- Kinderstühle
- Spielplatz, angrenzend
- Wickelplatz

Besonderheiten

- Nur in Verbindung mit einem Zoobesuch zugänglich
- Große Außengastronomie mit angrenzendem Spielplatz
- Selbstbedienungsrestaurant
- Babykost wird erwärmt

Zoo Gastronomie
Riehler Str. 173
50735 Köln
Tel. 0221/767574
www.zoogastronomie.de
Öffnungszeiten:
ganzjährig 9.30–17.45 Uhr,
im Winter bis 16.45 Uhr

Preistafel (Beispiele)

Getränke
- Wasser (Bonaqua) 0,3 Liter zu 1,60 €; Flasche (Gerolsteiner) 0,5 Liter zu 2,10 € inkl. Pfand
- Bio-Apfelsaft (Tetrapak) 0,2 Liter zu 1,20 €
- Kakao 0,2 Liter zu 1,80 €
- Espresso 1,90 €
- Latte macchiato 2,00 €

Speisen
- Ofenkartoffel mit Kräuterquark 3,20 €
- Frikadelle mit Pommes 3,80 €
- Hähnchennuggets mit Sauce nach Wahl 6 Stück 2,70 €; 9 Stück 4,00 €
- Spaghetti Bolognese 3,60 €
- Gemüsebuffet kleine Schale zu 3,50 €; große Schale zu 5,00 €
- Kindergeburtstagsmenü mit Getränk (0,3 Liter) und Spielzeug 5,00 €

Kölner Nord-Westen

Die Zeit der Kirschen

Das Restaurant Die Zeit der Kirschen erscheint auf den ersten Blick klein. Das liegt an dem langen Gang im Eingangsbereich. Erst im hinteren Bereich entfaltet das Lokal seine wahre Größe. Die Küche ist crosskulturell mit französischen und asiatischen Anleihen ausgerichtet. Pommes frites sucht der Gast vergeblich. Eine individuelle Zusammenstellung der Gerichte ist problemlos möglich. Das erleichtert vor allem für Kinder die Essensauswahl. Es gibt auf Anfrage kleinere Portionen beziehungsweise spezielle Kindergerichte wie Nudeln mit Tomatensauce oder Rostbratwürstchen mit Buttergemüse.

Im Sommer lädt im hintersten Eckchen eine romantische Gartenterrasse mit üppiger Vegetation zum Verweilen ein. Die hat nur einen Zugang und ist ansonsten abgeschlossen. Für ältere Kinder empfiehlt es sich, ein Buch oder Ähnliches mitzubringen, da es in unmittelbarer Nähe keine Ablenkungsmöglichkeiten gibt. Für Jüngere sind Bilderbücher und Malsachen vorhanden.

Neben Restaurant und Gartenterrasse gibt es noch einen geräumigen Saal mit Bühne, der gemietet werden kann. Hier finden auch Menüabende zu bestimmten kulinarischen Themen statt. Das normale Tages- und Abendgeschäft bleibt davon unberührt. Wer hier ein Fest mit geschlossener Gesellschaft feiert, bekommt einen separaten Raum dazu, in dem Babys oder jüngere Kinder zum Schlafen hingelegt werden können. Der Babysitter oder das Babyfon müssen mitgebracht werden.

Ausstattung

- Kinderstühle
- Bilderbücher und Buntstifte
- Wickelplatz auf Anfrage

Besonderheiten

- Kindergerichte nach Absprache
- Großer Raum mit Bühne für geschlossene Gesellschaften
- Schlafraum für Kinder, Babyfon oder Kinderbetreuung müssen mitgebracht werden
- Biergarten
- Parkhaus in der Nähe
- Kino in der Nähe

Preistafel (Beispiele)

Getränke

- Wasser (Gerolsteiner Gourmet) 0,25 Liter zu 2,10 €; Flasche 0,75 Liter zu 5,20 €
- Apfelschorle 0,2 Liter zu 2,10 €
- Orangina 0,2 Liter zu 2,40 €
- Bionade 2,90 €
- Gaffel vom Fass 0,2 Liter zu 1,70 €
- Gaffel alkoholfrei 0,33 Liter zu 2,70 €
- Kakao 2,40 €
- Espresso 1,90 €
- Latte macchiato 2,50 €

Speisen

- Kindergerichte wie Pasta mit Tomatensauce oder Nürnberger Rostbratwürstchen mit Buttergemüse 5,00 €
- Crottin de Chavignol mit Honig und frischem Thymian gratiniert an Salat 11,80 €
- Thunfischfilet in Passionsfrucht-Ingwersauce, Wokgemüse und Basmatireis 21,00 €
- Tarte au Citron 4,50 €
- Menü für Gesellschaften in drei Gängen 30,00 €

Die Zeit der Kirschen
Venloer Str. 399
50825 Köln
Tel. 0221/9541906
www.dzdk.de
Öffnungszeiten:
täglich Mo bis Fr 9–1 Uhr,
Sa 17–1 Uhr, So 11 bis Mitternacht

Muckefuk
Hansemannstr. 5
50823 Köln
Tel. 0221/1705492
www.muckefuk-koeln.de
Öffnungszeiten:
Di bis Fr 10–18 Uhr,
Sa 10–13 Uhr

Das Café Muckefuk in der Hansemannstraße in Köln-Ehrenfeld hat ein Leitmotto. Die Inhaberinnen Ricarda Gollmann und Annette Hansen sind der Meinung: »Jeder Tag ist Muttertag!« Väter dürfen sich aber getrost mit angesprochen fühlen. Denn das Muckefuk versteht sich als Familiencafé. Es gibt eine Frühstückskarte, kleine Speisen wie belegte Brötchen, getoastete Sandwiches, Rohkost, Obst, selbstgebackene Kuchen und jeden Mittag ein frisch zubereitetes Mittagsgericht. In der Regel etwas aus der italienischen Küche, darin ist Köchin Carmen Expertin. Die Gerichte kosten jeweils zwischen 4 und 4,50 Euro, für Kinder gibt es kleinere Portionen für 2 Euro.

Das Muckefuk bietet viel Platz. Kinderwagen können problemlos abgestellt werden, Touren mit dem Bobby Car oder Dreirädchen sind unfallfrei möglich. Die Einrichtung ist mit einfachen Holzstühlen und Holztischen minimalistisch, aber durchaus ausreichend. Ein Blickfang sind die herrlich bunten, verspielten Glaslüster und die Sitzecke. Für die Kinder gibt es eine eigene Spielecke mit jeder Menge Spielzeug und Mal-Utensilien.

Im hinteren Teil des langgezogenen Raumes ist ein Secondhandladen. Angeboten werden in erster Linie Kleidung und Spielzeug. Alles Kommissionsware. Nach drei Monaten müssen die Sachen wieder abgeholt werden. Für 12 Euro die Stunde kann ein separater Gruppenraum gemietet werden. Es besteht dort kein Verzehrzwang.

 Ausstattung
- Kinderstühle
- Wickelplatz
- Spielecke

 **Besonderheiten**
- Kindernahrung wird in der Mikrowelle erwärmt
- Kinderportionen
- Kindergetränke
- Kakao wird auf Wunsch lauwarm serviert
- Secondhandladen im hinteren Bereich (Kinder-, Frauen und Schwangerenmode)
- Gruppenraum kann für 12 Euro pro Stunde gemietet werden

Preistafel (Beispiele)

Getränke
- Apfelschorle Kinderbecher 0,80 €
- Apfelschorle Krug (1 Liter) 3,80 €
- Kinder-Milchschaum 1 €
- Tasse Kaffee oder Tee 2,00 €
- Espresso 1,80 €

Speisen
- Kinderportion 2 €
- Reiswaffel 0,10 €
- Belegtes Brötchen 2,00 €
- Mittagstisch 4,00 bis 4,50 €
- Kuchen 1,50 bis 2,00 €

Das kleine italienische Restaurant pane & cioccolata bietet weit mehr als sein Name – übersetzt Brot und Schokolade – vorgibt. Wagenradgroße Pizzen, die auf Wunsch in dreißig verschiedenen Variationen belegt werden, und italienisches Eis aus der Theke sind die Spezialitäten in dem Lokal in Neuehrenfeld. Zudem gibt es eine Tageskarte mit täglich wechselnden Gerichten. Angeboten werden beispielsweise Entenleber mit Feldsalat, Auberginenröllchen und Panna Cotta. Für Kinder gibt es nach Absprache kleinere Portionen.

Die Tische stehen im pane & cioccolata so dicht beieinander, dass Herumlaufen entfällt. Bei schönem Wetter können die Gäste nach draußen ausweichen. Es gibt zwei Spielplätze in der Nähe, die aber beide nicht vom Restaurant aus einsehbar sind. Einer ist in der Ottostraße, gleich bei der Kirche, der andere liegt etwas versteckt zwischen den Häusern in der Mitte der Jessestraße.

Da alle Speisen frisch zubereitet werden, kann es zu Wartezeiten kommen. Daher für Kinder Malsachen, Spiele oder Bücher mitbringen. Tischreservierung ist ratsam.

 Ausstattung

- Kinderstühle
- Wickelplatz auf Anfrage

 Besonderheiten

- Spielplatz (150 Meter außer Sichtweite entfernt)
- Außengastronomie mit Markise
- Italienisches Eis aus der Theke
- Kinderportionen
- Schlechte Parkmöglichkeiten

pane & cioccolata
Jessestr. 2 (Ecke Ottostr.)
50823 Köln
Tel. 0221/558996
www.paneecioccolata.de
Öffnungszeiten:
Di bis So 12–14.30 Uhr
und 18–22.30 Uhr

 Preistafel (Beispiele)

Getränke

- Wasser 0,3 Liter zu 2,00 €; San Pellegrino 0,75 Liter zu 5,50 €
- Fruchtsäfte 0,2 Liter zu 2,50 €
- Bionade 0,33 Liter zu 3,00 €
- Kakao 2,00 €
- Espresso 2,00 €
- Latte macchiato 2,30 €
- Glas Wein (Weiß, Rosé oder Rotwein) 0,2 Liter ab 4,00 €

Speisen

- Insalata mista 5,50 €
- Pizza Margherita 5,50 €
- Spaghetti al Pomodoro 7,50 €
- Pizza Parma 9,50 €
- Crêpes mit Eis 3,80 €

Kölner Westen

Bistro Gelateria Ascanio

Für die Anlieger des Hermeskeiler Platzes ist das Bistro Gelateria Ascanio so etwas wie ein kulinarisches Wohnzimmer. Jedenfalls für die, denen der Sinn nach Eis oder Pizza steht. Das Eis stellt Pezutto Ascanio nach einem alten italienischen Familienrezept her. Für Kinder gibt es eine kleine Eiskarte, auch die Pizza gibt es in der Mini-Ausführung. Das Lokal liegt direkt am Hermeskeiler Platz und ist vor allem an Markttagen dienstags und freitags ein beliebter Treffpunkt für Mütter und Väter mit Kindern. An allen anderen Tagen steht der Platz als Parkfläche zur Verfügung. In der Nähe, jedoch nicht in Sichtweite, liegt ein gepflegter Spielplatz. Das familiengeführte Ascanio punktet vor allem durch seine familiäre Atmosphäre. Spezielle Kinderstühle sind nur deshalb nicht mehr im Angebot, weil zu viele Kinder kommen, um allen ein Stühlchen anzubieten.

! Besonderheiten

- Eiskarte für Kinder
- Auerbach Platz: dienstags und freitags Wochenmarkt bis 13.00 Uhr
- 20 Sitzplätze vor dem Lokal unter großer Markise
- Italienische Eisdiele und Pizzeria
- Gepflegter Spielplatz und große, asphaltierte Fläche in nächster Nähe, jedoch nicht in Sichtweite
- Wenig befahrene Straße

€ Preistafel (Beispiele)

Getränke
- Wasser 0,2 Liter zu 2,00 €
- Kakao 2,00 €
- Espresso 1,80 €
- Latte macchiato 2,90 €

Speisen
Kinderkarte:
- Pizza bambino 3,50 €
- Kleine Portion Eis 2,00 €
- Eisbecher Biene Maja 3,00 €
- Eisbecher Pinocchio 2,50 €

- Pizza Tonno 7,50 €

Bistro Gelateria Ascanio
Hermeskeiler Platz 4
50935 Köln
Tel. 0221/42 08 205
Öffnungszeiten:
Mo bis Fr 10.30–21 Uhr,
Sa 10.30–17 Uhr,
So 13.30–20 Uhr

Bruno's Café im De Breuyn

Das Café Bruno gehört zum Kindermöbelhaus De Breuyn in Müngersdorf. Es befindet sich im Eingangsbereich links und ist durch ein buntgestreiftes großes Sonnensegel nicht zu verfehlen. Das Café ist gut auf Kinder eingestellt. Es gibt ein Spielhäuschen, eine Holzeisenbahnanlage, Bücher und ein Holzdreirad. Der Clou ist ein etwa acht Meter langes Piratenschiff im Innenhof. Es gibt auch einige Aussenplätze. Die Speisekarte hat Kindergerichte und -getränke sowie Gläschenkost im Angebot. Täglich gibt es zwei bis drei wechselnde Gerichte. Die Speisen werden in einer Sichttheke präsentiert. Das erleichtert den Kindern das Aussuchen. Jeden ersten Samstag im Monat steht ein preiswertes Familienessen auf dem Programm. Es gibt auch kulinarische Besonderheiten wie den Piratengrill oder die Halloween-Wichtelbar mit Gruseldrinks.

Das Café »Bruno« hat seinen Namen vom Wappentier des Ladens, einem Tapir. Für kleine oder große Wanderungen oder einfach nur so wird nach Vorbestellung ein Picknick-Rucksack gepackt. Der kostet 5 Euro (plus 10 Euro Pfand für den Rucksack) und enthält unter anderem ein Sandwich, Obst, Rohkost und eine süße »Überraschung«.

Im Möbelhaus und Café werden auch Veranstaltungen und Kurse für Kinder angeboten. Das reicht vom Schminken, Verkleiden und Backen bis zum Kurs »Holz-Schwerterbauen« in der Kunstwerkstatt. Im Advent werden Plätzchen, zum Muttertag kleine Kuchen gebacken. In der Werkstatt stehen unter anderem Kinderhobelbänke zur Verfügung.

 Ausstattung

- Kinderstühle
- Spielmaterial: Spielhaus, Eisenbahnanlage, Bücher, Holzdreirad
- Wickelplatz in extra Wickelraum mit Windeln in allen Größen

Besonderheiten

- Kindergerichte
- Kindergetränke
- Auswahl an Gläschenkost
- Zwei bis drei wechselnde Tagesgerichte
- Jeden 1. Samstag im Monat ein günstiges Familienessen und Aktionen für alle
- Schöner, ruhiger Innenhof mit 16 Außenplätzen und großem Piratenschiff zum Klettern
- »Ildiko's Picknick-Rucksack, 5 Euro (nach Vorbestellung unter 0221/473618)
- Veranstaltungen und Kurse für Kinder

 Preistafel (Beispiele)

Getränke

- Kindergetränke: Wasser, Apfelsaft, Apfelsaftschorle 0,1 Liter zu 0,80 €
- Wasser 0,2 Liter zu 1,60 €
- Apfelsaft / Apfelsaftschorle 0,2 Liter zu 1,80 €
- Trinkschokolade 2 €
- Espresso 1,60 €
- Kaffee/Getreidekaffee 1,60 €
- Latte macchiato 2,30 €

Speisen

- Frühstück 5,60 €
- Waffel 2,00 €
- Weckchen 0,80 €
- Belegtes Brötchen 1,90 €
- Bunter Salat 2,90 €
- Käsekuchen 2,80 €
- Quiche mit Salat 4,90 €

Bruno's Café im De Breuyn
Girlitzweg 30
50829 Köln
Tel. 0221/473260
www.debreuyn.de
Öffnungszeiten:
Mo bis Fr 10–18.30,
Sa 10–18 Uhr

Café Rosemarie

Im Café Rosemarie in Klettenberg haben Kinder ihr eigenes Reich. Das etwa 20 Quadratmeter große Spielzimmer bietet genug Platz zum Toben. Außerdem gibt es eine Auswahl an Spielsachen. Früher war das Haus einmal eine Eckkneipe, jetzt lädt ein Café mit bequemen Holzstühlen zum Verweilen ein. Es gibt rundherum große Fenster, sodass viel Licht den Innenraum erhellt.

Auf der Speisekarte stehen neben selbstgebackenen Kuchen einige kleine Gerichte wie Pfannkuchen, Omelett und Salate, zudem gibt es einen Mittags- und Abendtisch.

Eine schöne Idee sind die Kinder-Literatur-Lesungen, die regelmäßig im Spielzimmer stattfinden. Abends gibt es hin und wieder auch musikalische Darbietungen.

 Ausstattung

- Kinderstühle
- Spielmaterial
- Wickelplatz

 Besonderheiten

- Kindergetränke
- Kindergerichte
- Kinderspielraum
- Außengastronomie
- Spielplatz gegenüber
- Kinder-Literatur-Lesungen
- Auswahl Zeitungen
  und Zeitschriften
- WLAN

Café Rosemarie
Hirschbergstr. 28
(Am Honnefer Platz)
50939 Köln
Tel. 0221/16918978
www.cafe-rosemarie.de
Öffnungszeiten:
Di bis So 10–23 Uhr

 Preistafel (Beispiele)

Getränke

- Kinderschorle 0,90 €
- Wasser 0,25 Liter zu 2,10 €;
  0,75 Liter zu 4,90 €
- Bionade 2,30 €
- Kölsch 0,2 Liter zu 1,40 €
- Kinderkakao 0,90 €
- Kakao 2,20 €
- Espresso 1,80 €
- Kaffee 2,20 €
- Latte macchiato 2,50 €

Speisen
  Kindergerichte:
- Gnocchi mit hausgemachter
  Tomatensauce 4,50 €
- Minipfannkuchen 4,50 €

- Speckpfannkuchen mit Salat 6,90 €
- Kleines Frühstück 4,90 €
- Großes Frühstück 11,90 €

Decksteiner Mühle

Die Decksteiner Mühle präsentiert sich nach einer umfassenden Renovierung vor ein paar Jahren in einem hellen und freundlichen Ambiente. Die Gasträume sind sehr geräumig und auch für größere Gesellschaften gut geeignet, ohne dass das übrige Restaurant geschlossen werden muss. Die Speisekarte wurde bei der Renovierung gleich mit überarbeitet. Nur die Bezeichnungen für manche Gerichte sind geblieben. Scholle »Finkenwerder Art« klingt etwas angestaubt, aber der Fisch ist nicht altbacken und präsentiert sich als »gebratene Scholle mit Speck und Nordseekrabben«. Auf der Kinderkarte werden neben Nudeln mit Tomatensauce und Kinderschnitzel auch Flammkuchen mit Lauch, Speck und Zwiebeln angeboten. Die Kinderkarte ist zugleich Malblatt. Wer die Mühle auf der Rückseite bunt ausmalt, darf sich zur Belohnung an der Theke einen Lutscher abholen.

Da ein Teil des Biergartens überdacht ist, können die Gäste trotz trübem oder regnerischem Wetter dennoch draußen sitzen. Für Kinder gibt es im Biergarten eine Spielecke mit einem Sandkasten, der mit Schirmen überdacht ist. Hübsch anzusehen ist eine kleine Biergartengarnitur mit bunt angestrichenen Tischen und Bänken. Da können Kinder auch unter sich sein und essen. Es gibt einen Goldfischteich mit einem munter plätschernden Mühlrad. Auf kleinere Kinder aber aufpassen, damit sie beim Fischebeobachten nicht in den Teich fallen.

Ausstattung

- Kinderstühle
- Ausmalblatt
- Kinderspielecke draußen
- Wickelplatz auf Anfrage

Besonderheiten

- Kinderkarte
- Teilweise überdachter Biergarten
- Stadtwaldnähe
- WLAN
- Gesellschaften

Preistafel (Beispiele)

Getränke
- Kindergetränk (alle offenen Getränke aus der Karte) 0,1 Liter zu 1,30 €
- Wasser (Urbacher) 0,3 Liter zu 2,90 €; Flasche 0,75 Liter zu 5,90 €
- Kakao 2,50 €
- Espresso 2,00 €
- Latte macchiato 3,00 €

Speisen
Kinderkarte:
- Nudeln mit Tomatensauce 4,50 €
- Bockwurst mit Pommes 4,50 €
- Kinderschnitzel »Wiener Art« mit Pommes 6,50 €

- Flammkuchen mit Lauch, Speck und Zwiebeln 8,00 €
- Flammkuchen mit geräuchertem Lachs und Tomaten 9,50 €
- Scholle »Finkenwerder Art« 13,50 €
- Kalbskotelett in Biersauce mit Bratkartoffeln und Krautsalat 16,50 €

Decksteiner Mühle
Gleueler Str. 371
50935 Köln
Tel. 0221/433844
www.decksteiner-muehle.de
Öffnungszeiten:
täglich 12–24 Uhr

Jules Coffee
Berrenrather Str. 315
50937 Köln
Tel. 0221/29977959
www.julescoffee.de
Öffnungszeiten:
Mo bis Fr 9–20 Uhr,
Sa 10–18, So 12–18 Uhr

Jules Coffee

Wasser übt auf Kinder, zumals auf jüngere, eine große Anziehungskraft aus. Selbst so ein kleiner, in den Boden eingelassener Springbrunnen wie der vor Jules Coffee an der Berrenrather Straße zieht die Kleinen magisch an. Der Außenbereich des Cafés mit etwa 20 Plätzen wird von Büschen, Rabatten und Bäumen umsäumt. Dadurch wirkt das etwas zurückgebaute Café an der sehr lebhaften Straße wie eine kleine Oase. Die Speisekarte ist auf kleine Esser eingestellt. Es gibt Kinderportionen und -getränke. Für die jüngsten Gäste steht Gläschenkost bereit, Babyfläschchen werden erwärmt. Im Angebot sind auch Spezialitäten wie Tee aus frischer Minze, selbstgebackener Kuchen sowie spezielle Kaffeesorten. Überhaupt wird der Blick auf das Kaffeeangebot die Herzen echter Kaffeeliebhaber höher schlagen lassen. Es gibt lactosefreie Milch, Sojamilch und Getreidekaffee.

Für die Inneneinrichtung haben die Betreiber dunkelbraune Holztische und Tische gewählt, mal als hohe Variante mit Barhockern, mal als viereckige Zweiertische in üblicher Höhe. Draußen stehen runde Edelstahl-Tische mit geflochtenen Bistro-Sesseln.

 Ausstattung

- Kinderstühle
- Spielkiste
- Wickelplatz

 Besonderheiten

- Kindergetränke
- Kinderportionen
- Kinderbesteck und Trinkbecher
- 20 Außenplätze zur Straßenseite durch Bepflanzung geschützt
- Flacher Springbrunnen mit 3 sprudelnden Steinkugeln
- WLAN

 Preistafel (Beispiele)

Getränke
Kindergetränke:
- Saft nach Wahl 0,2 Liter zu 1,00 €
- Warme Milch mit Schokolade und geschlagener Sahne 1 €
- Babyccino (aufgeschäumte Milch) gratis

- Wasser 0,25 Liter zu 1,70
- Eisgekühlter Fruchtshake 0,3 Liter zu 2,90 €
- Kakao 2,50 €
- Espresso 1,70 €
- Latte macchiato 2,50 €

Speisen
- Kleines Frühstück 3,80 €
- Großes Frühstück 7,50 €, 15,90 € für zwei Personen
- Belegtes Brötchen 2,00 €
- Panino Toscana 3,50 €
- Suppen ab 3,90 €
- Selbstgebackene Muffins 1,70 €
- Rhabarberkuchen 2,50 €

Müngersdorfladen

Der Müngersdorfladen ist ein beliebter Treffpunkt vor allem für Mütter mit kleinen Kindern. Es ist eher ein Kiosk mit kleinem Cafébetrieb. Durch den Verkaufsraum mit einer weißen, nostalgisch anmutenden Kuchentheke, auf der mit buntem Zuckerzeug gefüllte Bonbongläser stehen, geht es in das Café. Es ist etwa 25 Quadratmeter groß und hat 18 Sitzplätze. Ein großes Fenster, das den Blick in den Garten freigibt, lässt den Raum größer erscheinen. Eingerichtet ist das Puppenstuben-Café mit weißlackierten Möbeln sowie einem kleinen Sofa und einem Sessel.

Das Speisenangebot ist nicht sehr üppig, dafür stehen aber Besonderheiten wie Schokoladentarte und nach einem alten Familienrezept selbstgebackene Waffeln auf der Karte. Die Waffeln bestehen aus hauchdünnem Teig und werden nach dem Backen zu einer runden Tüte gedreht. Sie schmecken abgekühlt sehr knusprig. Dazu gibt es geschlagene Sahne und rote Grütze. Es gibt Frühstück und eine wechselnde Tagessuppe. Eine Kölner Bäckerei liefert verschiedene Quichesorten an. Kinder bekommen auf Wunsch kleinere Portionen. Es gibt Kindergetränke in kleineren Bechern und aufgeschnittenes Obst.

Speisen und Getränke werden auf handbemaltem, buntem Geschirr serviert. Vor der Tür gibt es zehn zusätzliche Sitzplätze. Da sitzt man allerdings ziemlich nah an der Straße. Neben den üblichen Öffnungszeiten werden Spieleabende, Lesungen und Wohnzimmerkonzerte veranstaltet.

 Ausstattung

- Kinderstuhl
- Puzzle
- Bilderbücher

 Besonderheiten

- Zehn Sitzplätze draußen,
  aber nah an der Straße
- Großes, buntes Karussellpferd
  vor der Tür (1 Mal Reiten zu
  0,30 Cent; 4 Mal 1,00 Euro)
- Abholstelle für die »Gemüsetüte«
- Spieleabende
- Brunch
- Lesungen
- Wohnzimmerkonzerte

 Preistafel (Beispiele)

Getränke
- Kindergetränk 0,15 Liter zu 1,00 €
- Wasser 0,2 Liter zu 1,60 €
- Kakao 2,20 €
- Espresso 1,60 €
- Latte macchiato 2,40 €

Speisen
- Frühstück (klein) 6,80 €;
  (groß) 7,80 €
- Belegte Brötchen 2,20 €
- Apfel, Birne oder Banane aufge-
  schnitten 1,00 €
- Quiche 2,60 €
- Tagessuppe mit Brot 4,80 €
- Schokoladentarte 2,80 €
- Käsekuchen 2,20 €
- Schokoladenfondue mit Obst und
  Gebäck 4,30 €

Müngersdorfladen
Alter Militärring 68
50933 Köln Müngersdorf
Tel. 0221/94991441
Öffnungszeiten:
Mo bis Fr 8–18.30 Uhr,
So 9–18 Uhr,
Sa Ruhetag
(nicht bei Fußballspielen)

Restaurant Gut Clarenhof

Bei der Bestellung »Nudeln mit Zucker« würden wohl nicht wenige Küchenchefs zusammenzucken. Nicht so Guiseppe Celentano. Der Leiter des italienischen Restaurants Gut Clarenhof steht auf dem Standpunkt: »Es wird serviert, was die Kinder möchten«. Sofern das die italienische Küche hergibt. Auf eine gesonderte Kinderkarte verzichtet er daher. Kleine Schnitzel mit Butternudeln, Minipizza, Spaghetti mit Butter oder Tomatensauce kommen seiner Erfahrung nach bei den Jüngsten am besten an. In der Küche werden die Produkte aus dem Hofladen des Guts Clarenhof verwendet, das ist sogar Bestandteil des Pachtvertrages.

Das italienische Restaurant besticht durch eine gehobene Ausstattung mit weiß eingedeckten Tischen im Innern. Keine Angst vor dem »Kleckermonster«: Für die kleinen Gäste gibt es Platzdeckchen. Bei Familienfeiern gibt es auf Wunsch eigene Kindertische mit einer abwaschbaren Plastikdecke. Draußen nehmen die Gäste auf Teakmöbeln Platz. Vor zu viel Sonneneinstrahlung schützt eine Markise.

Ringsum fällt der Blick auf Gemüsefelder, Blumenwiesen und Gewächshäuser – das Restaurant liegt mitten auf einer weitläufigen Anlage. Zu dem Anwesen gehören neben Restaurant und Hofladen ein Abenteuerspielplatz, ein Minigolfatz und ein richtiger Golfplatz, auf dem jedermann ohne Mitgliedschaft spielen darf. Die Ausrüstung kann vor Ort geliehen werden. Außerdem gibt es einen kleinen Zoo mit Eseln und Lamas. Vor der Außenterrasse des Lokals ist eine große Sandgrube mit Beachvolleyballfeld angelegt. Das kann nach Vorbestellung bespielt werden. Wenn kein Match angesetzt ist, ist der Platz zum Buddeln für die Kinder freigegeben.

Ausstattung

- Kinderstühle
- Spielmaterial: Kreide, Malblöcke und all das, was andere Kinder hier einmal vergessen haben
- Wickelplatz

 Besonderheiten

- Alle offenen Getränke in 0,1 Liter möglich
- Gerichte von der normalen Speisekarte als Kinderportionen zum halben Preis
- Kinderbesteck
- Komplett behindertengerecht / barrierefrei
- Minigolfplatz auf dem Gelände
- Golfplatz ohne Clubmitgliedschaft
- Großer Abenteuerspielplatz mit vielen Geräten in der Nähe, aber nicht in Sichtweite
- Beachball-Sandgrube direkt an der Außenterrasse
- Hauseigener Parkplatz
- Angebote für Kindergeburtstage: Minigolfspielen (gegen Gebühr) mit Pizza vom Blech und Getränken
- Auf Anfrage Beachballspielen mit kombiniertem Restaurantbesuch
- Hofladen mit einigen Bioprodukten
- Erdbeeren zum Selberpflücken
- Gute öffentliche Verkehrsanbindung über S-Bahn und KVB Linie 1

 Preistafel (Beispiele)

Getränke

- Kinderapfelsaft 0,1 Liter zu 1,25 €
- Glas Wasser (Tönissteiner) 0,2 Liter 1,50 €; 0,3 Liter 2,20 €; Flasche (San Pellegrino) 0,7 Liter 5,00 €
- Kakao 2,20 €
- Espresso 1,80 €
- Latte macchiato 2,60 €

Speisen

- Alle Gerichte als Kinderportionen zum halben Preis
- Gemischter Salat 4,50 €
- Gemischter italienischer Vorspeisenteller 9,50 €
- Spaghetti in Kirschtomaten und Knoblauch mit Basilikum 8,50 €
- Pizza Verdure mit Gemüse 9,00 €
- Scampi vom Grill 19,00 €
- Lammrücken in der Kräuterkruste 19,00 €
- Panna Cotta 5,00 €

Restaurant Gut Clarenhof
Bonnstr./Ecke Aachener Str.
50226 Frechen
Tel. 02234/944766
www.restaurant-gutclarenhof.de
Öffnungszeiten:
täglich 11–23 Uhr

Stadtwaldgarten

Der Stadtwaldgarten ist Restaurant, Café und Cocktailbar. Im Sommer ist außerdem der Biergarten auf der Terrasse geöffnet. Die liegt allerdings an der vielbefahrenen Kreuzung Aachener Straße/Militärring. Größere Gesellschaften können den Wintergarten mieten. Für Kinder gibt es eine hübsch hergerichtete Spielecke mit Spielsachen wie Legosteinen, diversen Autos und Malzeug. Nett sind auch die bunten Höckerchen. Im Stadtwaldgarten sollte der Gast einen Blick nach oben riskieren. In den Nischen des Fachwerkgebälks gibt es etliche Musikinstrumente zu entdecken. Genau die passende Dekoration für ein Restaurant, in dem auch Konzerte von kölschen Künstlern stattfinden. Unklar ist, wie das ausgestopfte Rentier, das im Gastraum über den Köpfen schwebt, in diese Reihe passt. Aber vielleicht war es zu Lebzeiten ein besonders musikalisches Tier.

Die Speisekarte bietet Gerichte im mediterran-französischen Stil wie Filets vom bretonischen Weidelamm oder den mediterranen Vorspeisenteller. Klassiker wie Wiener Schnitzel oder Schnitzel »Stadtwaldgarten« sind auch im Programm. Es gibt eine Abend- und Tageskarte sowie eine Kinderkarte. Babykost wird auf Wunsch erwärmt. Da es in unmittelbarer Nähe des Stadtwaldgartens keine Parkplätze gibt, sollte das Auto im P+R-Parkhaus am Stadion abgestellt werden. Oder mit der Straßenbahn anreisen, die Haltestelle ist direkt am Restaurant.

 Ausstattung

- Kinderstühle
- Wickelplatz
- Spielecke

Besonderheiten

- Spielecke
- Wintergarten
- Minigolfanlage in der Nähe
- große Zeitschriftenauswahl
- WLAN

Stadtwaldgarten
Restaurant, Café, Cocktailbar
Aachener Str. 701
50933 Köln
Tel. 0221/16869800
www.stadtwaldgarten.de
Öffnungszeiten:
Mo bis Fr 16–1 Uhr,
Sa und So 11–1 Uhr

Preistafel (Beispiele)

Getränke

- Wasser (San Pellegrino) 0,2 Liter
  zu 1,90 €; 0,75 Liter zu 5,70 €
- Säfte 0,2 Liter zu 2,30 €
- Bionade 0,33 Liter 2,60 €
- Kölsch 0,2 l 1,50 €
- Weizenbier 0,5 Liter 3,50 € (auch
  als Ökoweizen und alkoholfrei)
- Heiße Schokolade 2,40 €
- Kaffee 1,80 €
- Espresso 1,80 €
- Latte macchiato 2,40 €

Speisen

- Elsässer Flammkuchen 7,50 €
- Penne all'arrabiata 8,70 €
- Mediterraner Vorspeisenteller
  klein 7,50 €, groß 12,50 €
- Schnitzel »Wiener Art« mit Pommes
  frites und Salat 9,90 €

Kölner Süden

Bona' me

Der architektonisch ansprechende Rheinauhafen hat auch gastronomisch eine Menge zu bieten. Eine besondere Adresse ist das Selbstbedienungsrestaurant Bona' me (Unser Haus). Hier wird eine orientalisch-türkische Küche angeboten. Die Gerichte werden frisch in einer offenen Küche zubereitet. Die Einrichtung des Restaurants mit Bar und Lounge ist ebenfalls dem orientalischen Stil angepasst. Auf der Karte stehen Gerichte wie Nudeln mit gemischtem Gemüse in Tomatensauce, Hackfleischbällchen mit Bulgur und Kräuterquark sowie Gemüse auf dünnem Fladenbrot mit Joghurt- und Tomatensauce. Die Gäste können auf Wunsch weitere Zutaten wie Garnelen, Schafskäse oder Gemüse dazubestellen. Es gibt keine eigene Kinderkarte, aber es ist problemlos möglich, Kinderportionen zu bestellen. Außerdem macht das Baukastensystem eine Zusammenstellung des Essens auch für Kinder einfach. Nach dem gleichen Prinzip funktioniert die Frühstücksauswahl. Das Bona' me ist ein Selbstbedienungsrestaurant neuen Stils. Der Gast erhält am Eingang eine Chipkarte, auf der die ausgewählten Speisen eingelesen und verbucht werden. Nach der Bestellung bekommt er einen »Pager«, ein Gästerufgerät, das sich bemerkbar macht, wenn das Essen fertig ist und abgeholt werden kann. Getränke werden an der Bar geholt. Vor dem Restaurant gibt es eine große autofreie Fläche.

Ausstattung
- Kinderstühle
- Wickelplatz

Besonderheiten
- Nähe zum Rhein
- Nähe zum Friedenspark
- Große autofreie Fläche vor dem Restaurant

Preistafel (Beispiele)

Getränke
- Wasser 0,25 Liter zu 1,90 €
- Cola, Limo 0,2 Liter zu 2,20 €
- Apfelschorle 0,2 Liter zu 2,20 €
- Kölsch 0,2 Liter zu 1,70 €
- Türkischer Mocca 2,00 €
- Espresso 1,70 €
- Latte macchiato 2,40 €

Speisen
- Nudeln mit Tomatensauce 5,50 €
- Nudeln mit gemischtem Gemüse in Tomatensauce 6,90 €
- Gemüse auf dünnem Fladenbrot mit Joghurt und Tomatensauce 6,40 €
- Hackfleischbällchen mit Bulgur und Kräuterquark 8,90 €
- Extrazutaten zu den Gerichten wie Gemüse, Rosmarinkartoffeln, Garnelen, Schafskäse und Oliven, etc. je 2,50 €

Bona' me
Rheinauhafen (am Ubierring)
Anna-Schneider-Steig 22
50678 Köln
Tel. 0221/39760407
www.bona-me.de
Öffnungszeiten:
Mo bis So 10–24 Uhr

Café Kleks

Mit einer schlichten Spielecke für Kinder wollten sich Kerstin und Jorgos Chatzilioannidis nicht begnügen. Ihr Café Kleks in der Irmgardstraße in Köln-Zollstock wartet mit einem annähernd 30 Quadratmeter großen, separaten Spielzimmer auf. Aus dem etwa 50 Quadratmeter großen Gastraum führt eine kleine Treppe hinauf ins Spielparadies. Damit kein Kind die Stufen hinunterpurzelt, gibt es am Ende der Treppe ein Holzgitter, das verschlossen werden kann. Durch das Törchen verlässt aber ohnehin kaum ein Knirps das Spielzimmer. Schließlich gibt es eine Rutsche, die direkt im Innern des Cafés endet.

Die Café-Betreiber sind von Hause aus Ernährungsberater. Das merkt man der Speisekarte auch an. Die Mehrzahl der angebotenen Speisen und Getränke sind Bioprodukte. Sogar die Milchgetränke werden auf Wunsch mit Soja-, Reis- oder Hafermilch gereicht. Mit einem üppigen Speisenangebot wartet das Café Kleks nicht auf, aber es gibt Kleinigkeiten wie Ciabatta mit verschiedenen Belägen sowie täglich wechselnde Tagessuppen und Salate. Zudem eine Frühstückskarte. Kinder bekommen auf Nachfrage kleinere Portionen. Außerdem warten in der Auslage Sesambrezeln, Dinkelstangen, Reiswaffeln oder Kekse sowie Obst auf die kleinen Gäste. Die Getränke werden im Plastikbecher oder mit einem Strohhalm serviert. Für Babys gibt es Gläschenkost.

Dort, wo jetzt das Café Kleks ist, hatte viele Jahrzehnte eine Glaserei mit angeschlossenem Verkaufsraum ihren Sitz. Auf Transparenz setzen auch Kerstin und Jorgos Chatzilioannidis. Sie geben bereitwillig Auskunft über die Zusammensetzung der Speisen. Gekocht wird nach der Ernährungslehre der fünf Elemente, die auch Teil der Traditionellen Chinesischen Medizin ist. Als besonderen Service bieten sie gegen eine Gebühr entsprechende Kochkurse an. Für Allergiker gibt es nach vorheriger Absprache spezielle Angebote.

Ausstattung

- Kinderstühle
- Spielmaterial: reichlich, unter anderem eine Brio-Bahn
- Wickelplatz

 Besonderheiten

- Kindergetränke
- Kinderportionen
- Kindergeschirr
- Steckdosen mit Kindersicherung
- Kinderwagen können vor der Tür angeschlossen werden
- Spielplatz in unmittelbarer Nähe, aber eine Straße muss überquert werden
- Mindestverzehr für Kinder: für die ersten zwei Stunden des Besuchs für jedes Kind 2 Euro pro Stunde, ab der 3. Stunde frei
- Außenterrasse
- WLAN
- Kochkurse nach den fünf Elementen gemäß der Traditionellen Chinesischen Medizin
- Angebote für Allergiker nach vorheriger Absprache
- Ab zehn Personen kann das Kleks auch für 40,00 Euro pro Stunde plus Verzehr für Kindergeburtstage oder Familienfeste gebucht werden.

 Preistafel (Beispiele)

Getränke

- 7-Zwerge-Kindersaft 0,15 l zu 2 €
- Wasser für Kinder 0,15 Liter zu 1 €; Wasser (St. Leonhard) 0,3 Liter zu 2 €
- Kinderkakao 1,40 €; Kakao 0,3 Liter 2,40 €
- Espresso 1,80 €
- Latte macchiato 2,90 €

Speisen

- Frühstück klein 4,80 €; groß 8,90 €
- Alnatura Gläschen 1,90 €
- Ciabatta belegt ab 4,50 €
- Tagessuppe ab 4,50 €
- Reiswaffel 1,80 €
- Banane 1,20 €

Café Kleks
Irmgardstr. 19
50969 Köln
Tel. 0221/16857550
www.cafe-kleks.de
Öffnungszeiten:
Di bis Sa 10–18.30 Uhr,
So 10.30–18.30 Uhr

Caffe' Bar

Stammgäste, und dazu zählen im Fall der Caffe' Bar in der Kölner Südstadt die Mehrzahl der Gäste, bezeichnen das schnuckelige Eckcafé liebevoll als ihr »zweites Wohnzimmer«. Eins, in dem Erwachsene und Kinder gleichermaßen willkommen sind. Die Gäste erwartet eine Mischung aus Selbstbedienung und Service. Man bestellt an der Theke, das Gewünschte wird dann gebracht. Kinderstühle und Malsachen sind vorhanden, aber es stört hier auch niemanden, wenn die Knirpse durch den Gastraum toben. Dabei ist der sehr überschaubar, man könnte auch klein sagen. Dinge wie ein altes Graetz-Radio und ein Bakelittelefon mit Wählscheibe verleihen dem Café einen Hauch von Nostalgie. Im Sommer gibt es draußen ein paar Sitzgelegenheiten. Da können auch die Kinderwagen abgestellt werden. Die passen beim besten Willen nicht ins Café, zumal es auch ein paar Stufen nach unten geht. Eine Gästetoilette hat die Caffe' Bar eigentlich nicht, aber bei Kindern und Schwangeren wird eine Ausnahme gemacht, dafür wird die private Toilette zur Verfügung gestellt.

Auf der Speisekarte stehen Kleinigkeiten wie Ciabatta mit unterschiedlichen Zutaten, selbstgebackene Kuchen und ein kleines Frühstücksangebot. Zum Kinderfrühstück gibt es eine Überraschung. Obstsalat pur oder mit Joghurt und Müsli zählen ebenfalls zu den Snacks. Süßigkeiten und abgepacktes Eis werden auch angeboten. Neben verschiedenen Kaffee- und Teesorten gibt es diverse Säfte. Jeden Monat wird ein kleiner Gast zum »Kind des Monats« gekürt. Dessen Foto wird im Lokal aufgehängt und das Kind bekommt ein kleines Geschenk.

Ausstattung

- Kinderstühlchen
- Spiel- und Malsachen
- Wickelmöglichkeit

Besonderheiten

- Familiäre Atmosphäre
- Kaffee auch außer Haus
- Kein Alkohol

Preistafel (Beispiele)

Getränke
- Apfelschorle 1,10 €
- Säfte 1,60 €
- Bionade 1,60 €
- Smoothie 2,50 €
- Kakao 1,60 €
- Espresso 1,40 €
- Kaffee 1,40 €
- Latte macchiato 2,10 €

Speisen
- Kinderfrühstück 3,50 €
- Obstsalat 2,10 €
- Obstsalat mit Joghurt 2,30 €
- Obstsalat mit Joghurt
  und Müsli 2,60 €
- Ciabatta 2,10 bis 3,00 €
- Kuchen 2,00 €
- Brownies 1,00 €

Caffe' Bar
Ubierring 33
50678 Köln
Tel. 0221/4692352
Öffnungszeiten:
Mo bis Fr 7–18 Uhr,
Sa 9–15 Uhr, So geschlossen

Fährhaus

Das Restaurant Fährhaus liegt direkt an der so genannten »Rodenkirchener Riviera«. Gleich zu Beginn dieser bei schönem Wetter stark frequentierten Flaniermeile steht das zum Gasthaus umgebaute Fachwerkhaus mit Außenterrasse. Da kann der Gast selbst bei trüberem Wetter gut sitzen, da die Terrasse wind- und regengeschützt verkleidet werden kann. Die Sicht auf den Strom und die Silhouette der Stadt bleibt erhalten.

Die Abendkarte hält exotische Überraschungen und klassische deutsche Gerichte, modern aufgepeppt, bereit. Es gibt eine Mittagskarte mit wechselnden Gerichten und nachmittags ein Kuchenangebot.

Kinder sollten nicht unbeaufsichtigt nach draußen auf den Uferweg. Einmal wegen der Nähe zum Rhein, zum anderen wegen der hohen Verkehrsdichte von Fußgängern, Inlinern und Radfahrern. Hinter dem Haus ist es ruhiger, da sollten eigentlich auch keine Autos fahren. Es geschieht aber doch von Zeit zu Zeit.

 Ausstattung

- Kinderstühle
- Mal-Utensilien
- Wickelplatz auf Anfrage

 Besonderheiten

- Kinderkarte
- Nähe zum Rhein
- Schiffsanlegestelle in der Nähe

 Preistafel (Beispiele)

Getränke
- Kinderapfelschorle 0,2 Liter zu 1,00 €
- Apfelschorle 0,2 Liter zu 2,20 €
- Säfte 0,2 Liter zu 2,20 €
- Cola, Limo 0,2 Liter zu 2,20 €
- Kölsch 0,2 Liter zu 1,70 €
- Weizen 0,5 Liter zu 3,90 €
- Heiße Schokolade 2,50 €
- Espresso 1,80 €
- Kaffee 1,90 €
- Latte macchiato 2,70 €

Speisen
Kinderkarte:
- Spaghetti Bolognese 6,50 €
- Penne mit Butter und Parmesan 4,50 €
- Gebratenes Fischfilet, Zitrone und Kartoffeln 8,50 €

- Kalbsrückensteak gratiniert mit Parmaschinken, grünen Spargelspitzen & Provolone auf Trüffelschaum an
- Kartoffelgnocchi 23,50 €
- Lasagne von Mittelmeergemüse 11,50 €
- Zanderfilet an Scampirahmsauce auf warmem Kartoffelsalat 17,50 €

Fährhaus
Steinstr. 1
50996 Köln
Tel. 0221/9359969
www.faehrhauskoeln.de
Öffnungszeiten:
Mo bis Fr 11–1 Uhr
Sa, So und feiertags 10–1 Uhr

Haus Berger

Das Restaurant Haus Berger und der angeschlossene Biergarten liegen in Köln-Rodenkirchen am Rhein. Der Biergarten ist ebenerdig, das Restaurant mit Terrasse im ersten Stock erreicht man über eine Treppe. Vor dem Haus und damit noch näher in Flussnähe ist ein großer Campingplatz. Wenige Meter neben dem Restaurant befindet sich ein Minigolfplatz. Die Gaststätte wurde 2006 renoviert. Die Einrichtung ist jetzt modern-rustikal mit hellen Holztischen und Stühlen sowie Bänken. Im Restaurant stehen 120 Plätze zur Verfügung, auf der überdachten Terrasse 150 Plätze. Im Biergarten finden noch einmal 100 Gäste Platz. Auf dem Campingplatz, in Sichtweite der Terrasse und des Biergartens, ist ein Spielplatz mit Sandkasten und Basketballkorb.

Die Restaurant-Küche setzt auf mediterrane, leichte Gerichte wie Bandnudeln mit Lachswürfeln, Dorade Royal »mallorquinisch« oder Iberico Schweinerückensteak. Für Kinder hält die Küche zum Beispiel einen bunten Gemüseteller mit Sauce oder Nudeln mit Tomatensauce und kleinem Putenschnitzel natur bereit. Im Biergarten werden handfestere Gerichte wie Schnitzel in verschiedenen Variationen oder Bratwurst angeboten. Es gibt eine eigene Mittagskarte sowie Ergänzungen der Tages- und Abendkarte durch saisonale Spezialitäten wie Spargel, Pfifferlinge, Steinpilze oder Wild.

Bemerkenswert ist, dass die Kellner selbst im größten Trubel noch Zeit finden, mit den jungen Gäste Späßchen zu machen. Ebenso berühmt wie beliebt sind die vorgeführten Tricks mit einem Stapel Bierdeckel.

 Ausstattung

- Kinderstühle
- Plastikbecher
- Wickelplatz
- Mal-Utensilien

Besonderheiten

- Rheinnähe
- Spielplatz mit Basketballkorb auf benachbartem Campingplatz
- Hotel im Haus
- Minigolfplatz wenige Meter neben dem Restaurant
- Parkmöglichkeit
- kein Durchgangsverkehr

Haus Berger
Uferstr. 73
50996 Köln
Tel. 0221/3408882
www.rheinkilometer681.de
Öffnungszeiten:
Mo bis Fr 11.30–1 Uhr
Sa 17 bis 1 Uhr,
So und feiertags 11–1 Uhr;
Biergarten von Mai bis Oktober:
Fr und Sa ab 16 Uhr, So ab 12 Uhr

 Preistafel (Beispiele)

Getränke

- Für Kinder bis 5 Jahre 0,1 Liter zu 0,50 €
- Wasser 0,2 Liter zu 1,50 €
- Säfte 0,2 Liter zu 1,90 €
- Cola, Limo 0,2 Liter zu 1,90 €
- Bionade 0,33 Liter zu 2,80 €
- Kölsch 0,2 Liter zu 1,40 €
- Weizen 0,5 Liter zu 3,20 €
- Espresso 1,80 €
- Kaffee 1,90 €
- Latte macchiato 2,30 €

Speisen
Kinderkarte:

- Nudeln mit Tomatensauce und Putenschnitzel 3,50 €
- Gemüseteller 3,50 €

- Bandnudeln mit Lachsfilet-Würfeln und Salat 12,50 €
- Lammkarree mit Speckbohnen und Kartoffelplätzchen 19,50 €
- Palatschinken mit Eis 5,50 €

Haus Müller

Bei einigermaßen milder Witterung werden Eltern ihre Kinder bei einem Besuch des Restaurants Haus Müller in der Kölner Südstadt kaum bemerken. Der Spielplatz und die große Freifläche vor dem Lokal sind ideal zum Spielen oder Toben. Im Sommer gibt es einen Biergarten, zum Teil mit überdachten Plätzen. Ganz kleine Kinder sollten nicht unbeaufsichtigt nach draußen, da die Einbahnstraße in der Nähe recht stark befahren ist. Der Platz selbst ist frei von Autos, auch Parken ist nicht erlaubt. Sehr viel Spaß haben die Kinder beim Plantschen an einem kleinen wasserspeienden Brunnen. Daher vorsichtshalber trockene Kleidung zum Wechseln einpacken. Wochentags bietet ein Gemüsehändler auf einem Teil der Fläche seine Waren an einem kleinen Stand an. Die Severinstraße mit zahlreichen Geschäften ist nicht weit entfernt.

Die Küche des Haus Müllers ist traditionell-mediterran. Den Gast erwarten Gerichte wie zum Beispiel gemischte Tortellini an Waldpilzragout mit Schnittlauch-Creme oder ein Spieß mit Jakobsmuscheln und Garnelen an Basilikumsauce auf Limonenrisotto. Es gibt neben der Standardkarte täglich wechselnde Tagesgerichte. Darunter auch ein vegetarisches Gericht. Eine separate Kinderkarte gibt es nicht. Eine Portion Nudeln mit Tomatensauce oder Butter macht der Koch aber immer.

Das »Haus Müller« hat innen nur 35 Plätze. Die Tische sind eingedeckt. Zwischen den Tischen ist nicht sehr viel Platz, durchs Lokal rennende Kinder wirken dann störend.

 ## Ausstattung

- Kinderstühle
- Wickelplatz auf Anfrage

Besonderheiten

- Großer Spielplatz nebenan
- Großer Freiplatz vor dem Lokal
  mit kleinem Brunnen

Preistafel (Beispiele)

Getränke

- Kinderwasser 0,1 Liter zu 0,50 €
- Kinderapfelschorle 0,1 Liter zu 0,50 €
- Wasser 0,2 Liter zu 1,30 €
- Apfelschorle 0,2 Liter zu 1,80 €
- Säfte 0,2 Liter zu 2,50 €
- Cola, Fanta 0,2 Liter zu 2,00 €
- Bionade 0,33 Liter zu 2,70 €
- Kölsch 0,2 Liter zu 1,50 €
- Hefeweizen 0,5 Liter zu 3,80 €
- Schokolade 2,00 €
- Espresso 1,80 €
- Kaffee 1,80 €
- Latte macchiato 2,70 €

Speisen

- Kindernudeln mit Tomatensauce
  oder Butter 3,50 €

- Gemischte Tortellini an Waldpilzra-
  gout mit Schnittlauch-Creme 12,50 €
- Spieß mit Jakobsmuscheln und Gar-
  nelen an Basilikumsauce auf Limo-
  nenrisotto 16,50 €
- Kalbschnitzel mit Gratin
  und Salat 18,50 €
- Rumpsteak »Café de Paris« mit
  Kräuterbutter, Ofenkartoffeln und
  Salat 18,50 €

Haus Müller
Achterstr. 2
50678 Köln
Tel. 0221/9321086
Öffnungszeiten:
im Sommer täglich 15–23,
im Winter 17–23 Uhr

Der Kahlshof am Rodenkirchener Rheinufer ist im Sommer ein klassisches »Seh-Restaurant«. Wer auf der Terrasse sitzt, kann den Schiffen auf dem Rhein zusehen, die Radfahrer vorbeiflitzen sehen und den Inlinern und Spaziergängern hinterhersehen. Umgekehrt wird man auch gut gesehen.

Das Restaurant bietet eine gehobene Küche in einer Kombination aus deutschen und internationalen Gerichten mit häufig wechselnden Angeboten. Auf der Tageskarte findet sich auch Hausmannskost wie Bratwurst mit Kohlrabi-Gemüse und Bratkartoffeln. Es gibt eine separate Kinderkarte. Die Gerichte haben so hübsche Namen wie »Nixenhaar« (Nudeln), »Drachenfels« (Berg aus Kartoffelpüree) oder »Dukaten« (Minipizzen). Gleiches gilt für die Frühstückskarte. Hinter »Loreley für zwei« verbirgt sich Rührei mit Nordseekrabben, Räucherlachs, Schinken, Prosecco und mehr.

Kinder sollten nicht unbeaufsichtigt nach draußen auf den Uferweg. Einmal wegen der Nähe zum Rhein, zum anderen wegen der hohen Verkehrsdichte von Fußgängern, Inlinern und Radfahrern.

 ## Ausstattung

- Kinderstühle
- Wickelplatz
- Mappe mit Mal-Utensilien

Besonderheiten

- Kinderkarte
- Frühstückskarte
- Tageskarte mit Mittagsmenü
- Rheinlage
- Terrasse
- Bierbude
- Dessertkarte
- Hotel angeschlossen
- Sonntagsbrunch
- WLAN

Kahlshof

Karlstraße 7–9
50996 Köln
Tel. 0221/9353150
www.kahlshof.de

Öffnungszeiten:

Mo bis Do und So 10–22 Uhr,
Fr und Sa 10–23 Uhr

 ## Preistafel (Beispiele)

Getränke

- Kinderapfelschorle 0,1 Liter gratis
- Wasser 0,25 Liter zu 2,20 €
- Cola, Limo 0,2 Liter zu 2,20 €
- Bionade 0,33 Liter zu 2,70 €
- Kaffee 1,95 €
- Espresso 1,90 €
- Latte macchiato 2,75 €
- Kakao 2,60 €
- Kölsch 0,2 Liter 1,70 €

Speisen

Kinderkarte:
- Nudeln mit Butter 3,60 €
- Kartoffelpüree mit Sauce 3,90 €
- Burger mit Rindfleisch, Tomaten, Salat 6,50 €

- Frühstück »Loreley« für zwei Personen: Rührei mit Nordseekrabben, Räucherlachs, Schinken, Prosecco und mehr 29,90 €
- Drei kleine Reibekuchen mit hausgebeiztem Dill-Lachs und Forellenkaviar 13,90 €
- Osso Bucco Ragout mit Morcheln auf Kartoffel-Möhrenpüree 22,90 €
- Ravioli mit Ziegenkäsefüllung, gebratene Lammfilets an Tomaten-Mango-Pesto 16,90 €

Mainzer Hof

Im Mainzer Hof ist es gemütlich, fast familiär. Die Einrichtung ist rustikal mit ein paar extravaganten Spielereien. Dazu zählt beispielsweise die Büste einer Schaufensterpuppe, die vom Fenstersims aus das Treiben im Restaurant im Auge behält. Drinnen gibt es Holztische unterschiedlicher Größe, bei schönem Wetter kann man auch draußen sitzen.

Auf der Speisekarte stehen traditionelle Gerichte wie Schnitzel mit Bratkartoffeln und Salat oder Leberkäse mit Spiegelei, Bratkartoffeln und Krautsalat. Es gibt außerdem eine Tageskarte mit wechselnden und zum Teil etwas ausgefalleneren Angeboten wie brasilianischer Fischeintopf mit Scampi in Kokosmilch mit Reis und Feldsalat. Die Küche verspricht kulinarische Ausflüge nach Marokko, Italien, Spanien und Nippes. Es gibt keine separate Kinderkarte, aber Kinderportionen nach Absprache. Auf die Essenswünsche von Kindern wird unkompliziert reagiert.

 Ausstattung

- Kinderstühle
- Wickelplatz nach Absprache

 Besonderheiten

- Kinderportionen
- Kindergetränk
- Nähe zum Friedenspark
- Nähe zum Bauspielplatz »Baui«
- Nähe zum Rhein

Mainzer Hof
Mainzer Str./Ecke Maternusstr. 18
50678 Köln
Tel. 0221/312549
www.mainzerhof-koeln.de
Öffnungszeiten:
Mo bis So ab 17 Uhr,
Ende offen

 Preistafel (Beispiele)

Getränke
- Kindergetränk 0,1 Liter zu 0,80 €
- Wasser 0,2 Liter zu 1,40 €
- Apfelschorle 0,2 Liter zu 1,80 €
- Cola, Limo 0,2 Liter zu 1,80 €
- Espresso 1,80 €
- Kaffee 1,80 €
- Kakao 2,30 €

Speisen
- Salatteller mit gebr. Ziegenkäse im Brickteig und Himbeer-Walnuss-Dressing 9,60 €
- Leberkäse mit Spiegelei, Bratkartoffeln und Krautsalat 8,80 €
- Matjes mit Salat und Bratkartoffeln 9,60 €
- Fischeintopf mit Scampi in Kokosmilch mit Reis und Feldsalat 11,60 €

Navina
Uferstr. 16
50996 Köln
0221/3480655
www.navina.de
Öffnungszeiten:
Mo bis Sa 17–23 Uhr,
So und feiertags 11–23 Uhr,
Gruppen ab 10 Personen auch
außerhalb der Geschäftszeiten

Navina

Das Restaurant Navina liegt direkt am Rhein. Es befindet sich in der ersten Etage und ist nur über eine Außentreppe zu erreichen. Kinderwagen können im Hof abgestellt werden. Wenn es die Temperaturen zulassen, kann die gesamte Fensterfront zur Rheinseite geöff-

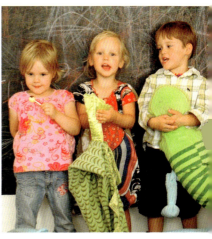

net werden, sodass sich nahezu das gesamte Restaurant in eine große überdachte Terrasse verwandelt. Für Kinder gibt es im hinteren Teil des Raumes ein geräumiges Spielzimmer. Es gibt jede Menge Spiele, Bücher, eine kleine Rutsche, Stofftiere und eine große Wandtafel zum Malen. Wer mag, kann auch ein Video sehen. Da die Spielecke zwar durch eine halbhohe Wand vom Gastraum abgetrennt ist, aber keine Tür hat, kann es an den Tischen, die in unmittelbarer Nähe zum Spielzimmer liegen, etwas laut werden. Wenn es zu wild wird, schreitet das Personal ein. Höflich, aber bestimmt wird den zu temperamentvollen Besuchern erklärt, dass es außer ihnen noch Gäste im Restaurant gibt, die in Ruhe essen möchten.

Eine separate Kinderkarte gibt es nicht. Das ist auch nicht notwendig. Alle Gerichte, bei denen das problemlos möglich ist, gibt es auf Wunsch als Kinderportionen.

Ausstattung

- Kinderstühle
- Wickelplatz
- vielfältiges Spielmaterial

Besonderheiten

- Kinderportionen
- Nähe zum Rhein
- Nähe zur Rodenkirchener Rheinwiese mit Spielgeräten
- großes, gut ausgestattetes Spielzimmer

Preistafel (Beispiele)

Getränke
- Getränke
- Wasser 0,25 Liter zu 2,30 €
- Apfelschorle 0,2 Liter zu 2,30 €
- Limo, Cola 0,2 Liter zu 1,80 €
- Espresso 2,10 €
- Café 2,20 €
- Latte macchiato 2,80 €

Speisen
- Vitello Tonnato 9,50 €
- Spaghetti Bolognese 8,50 €

Kölner Osten

Café Vreiheit

Im Café Vreiheit fällt sofort die Vielzahl der Bücherregale ins Auge. Das wirkt in Verbindung mit den Leuchten und Lüstern aus Scherben, Gläsern und Glitzerkram ebenso gemütlich wie bizarr. Erwähnenswert ist, dass es ein Regal mit Kinder- und Jugendliteratur sowie Spielen gibt.

Die Küche kocht mediterran und deutsch, mit einigen asiatischen Anleihen, wie Wokgerichte oder Lachs-Kokos-Suppe mit Glasnudeln. Ausgesprochene Kindergerichte gibt es nicht. Dafür werden viele Speisen auf Wunsch auch als Kinderportionen serviert. Davon ausgenommen sind Gerichte, die sich nicht teilen lassen, wie zum Beispiel eine ganze Artischocke oder ein Rumpsteak. Da alle Speisen frisch zubereitet werden, ist es auch kein Problem, die ein oder andere Zutat wegzulassen, wenn der Nachwuchs die partout nicht mag oder verträgt. Viele der verwendeten Produkte stammen aus biologischem Anbau beziehungsweise fairem Handel.

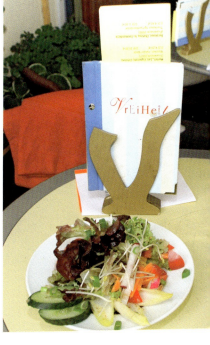

Frühstück wird wochentags von 10–18 Uhr angeboten, sonntags gibt es Brunch. Das Café Vreiheit verfügt über einige Außenplätze, die allerdings direkt an der Straße liegen. Gegenüber gibt es einen Biergarten mit Sandkasten für die Kinder. Die Toiletten mit Wickelplatz sind im Keller, die können kleinere Kinder nicht ohne Begleitung erreichen. Da das Restaurant in einer kleinen Einbahnstraße mitten in Köln-Mülheim liegt, gibt es nur wenige Parkmöglichkeiten. Die Anreise per Fahrrad oder mit öffentlichen Verkehrsmitteln ist ratsam.

 Ausstattung

- Kinderstühle
- Spielmaterial: Regal mit Spielen, Puzzles und Büchern
- Sandkiste im Biergarten
- Wickelplatz

! **Besonderheiten**

- Erstes Kindergetränk frei
- Halbe Portionen von der Karte zum halben Preis
- Kindergeschirr
- Viele Produkte aus biologischer Herkunft und fairem Handel
- Reichhaltiges Frühstücksangebot von 10 bis 18 Uhr
- Biergarten gegenüber an der kleinen Friedenskirche mit Sandspielkiste
- Bücherwand zum Schmökern
- Große Zeitschriftenauswahl

€ **Preistafel** (Beispiele)

Getränke

- Wasser (Gerolsteiner) 0,25 Liter zu 1,70 €; 0,4 Liter zu 2,60 €; 0,75 Liter zu 4,60 €
- Frischgepresster Bio-Möhrensaft 0,1 Liter zu 1,80 €
- Saftschorle 1 Liter zu 8,60 €
- Tasse Kakao (aus fairem Handel mit Biomilch) 2,40 €
- Espresso 1,60 €
- Getreide-Milchkaffee 2,20 €
- Latte macchiato 2,60 €

Speisen

- Müsli mit frischen Früchten, Bio-Milch oder Joghurt 3,60 €
- Sonntagsbrunch 13,40 €; Kinder bis 3 Jahren zahlen nichts, Kinder bis 12 Jahren die Hälfte
- Salate mit Bratkartoffeln und Bio-Spiegelei 8,40 €
- Frische grüne Tagliatelle mit sizilianischer Bratwurst 9,40 €
- Bio-Beefburger mit würzigen Kartoffelecken 8,60 €
- Rhabarber-Fruit-Crumble mit Vanilleeis 5,50 €

Café Vreiheit
Wallstr. 91
51063 Köln
Tel. 0221/9917793
www.cafe-vreiheit.de
Öffnungszeiten:
Mo bis So 10–24 Uhr

Henkelmännchen

Beim Sonntagsbrunch im Henkelmännchen, dem Restaurant an der Lanxess-Arena in Köln-Deutz, ist auch der junge Gast König. Es gibt ein eigenes Kinderbuffet mit Wärmelampen. Dieses Buffet ist niedriger als die übrigen Theken und wird von den Köchen regelmäßig nachgefüllt. Neben Schnitzeln, Pommes und Fischstäbchen werden auch Mohrenköpfe und Weingummi bereit gelegt. Im übrigen Angebot sind zudem etliche Speisen im Angebot, die für Kinder geeignet sind. Für die Erwachsenen gibt es zur Begrüßung ein Glas Prosecco, für die Kinder Saft. Das Brunchbuffet ist gut sortiert mit einem Frühstücksangebot, diversen Vorspeisen, Salatbuffet, drei bis vier verschiedenen Hauptgerichten und einer Dessertauswahl einschließlich Kuchen vom Blech.

Die Bestuhlung ist angenehm luftig, sodass Kinderwagen und herumwuselnde Kinder nicht stören. Auch die Theken mit den Speisenangeboten sind sehr großzügig aufgestellt. Im Sommer gibt es auf dem Plateau vor der Arena Außenplätze mit Bierbänken und Tischen. Auf die Kinder wartet ein Spielzimmer, das von der Größe und Ausstattung her außergewöhnlich ist. Es werden sogar Trickfilme gezeigt. Außerdem ist stets eine Betreuungsperson anwesend, die sich auch mit den Kindern beschäftigt.

Ausstattung

- Kinderbuffet
- Wickelplatz
- Kinderstühle

Besonderheiten

- Großes und gut ausgestattetes Spielzimmer mit Kinderbetreuung
- Gute Parkmöglichkeiten in den angrenzenden Parkhäusern
- Gute Bahnanbindung
- Überraschung für Geburtstagskinder (bei der Reservierung auf den Geburtstag hinweisen)
- Toilettenanlage im Keller

 Preistafel (Beispiele)

- Sonntagsbrunch
  Erwachsene 21,50 € pro Person
  Kinder von 11–14 Jahren 12 €
  Kinder von 6–10 Jahren 6 €
  Kinder bis 5 Jahre frei
  Im Preis enthalten sind Kaffee, Tee und Orangensaft, Wasser, Limo, Cola, Kölsch

Henkelmännchen
Willy-Brandt-Platz 2
50679 Köln
Tel. 0221/8023456
www.lanxess-arena.de
Brunchzeit:
10.30–14.30 Uhr

Lezuch's
Gasthaus im Museum

Ein wenig versteckt im Grünen liegt Lezuch's Gasthaus im Museum. Dieses Museum ist das Straßenbahnmuseum im Kölner Stadtteil Thielenbruch. Es zeigt in einer sehr beeindruckenden Ausstellung die Geschichte dieses Verkehrsmittels von der Pferdebahn bis zum Gelenkwagen. Betrieben wird das Museum vom Verein »Historische Straßenbahn Köln«. In diese nicht alltägliche Kulisse fügt sich das Lezuch's harmonisch ein. Der Besucher gelangt durch eine historische Bahn ins Lokal. Ein Bewegungsmelder lässt die Tür wie von Geisterhand gesteuert aufschwingen. Durch die Gaststätte geht es weiter ins Museum. Das Lezuch's hat einen Innen- und Außenbereich.

Auf der Speisekarte stehen Gerichte wie gegrilltes Rumpsteak mit Thymiankartoffeln und Salat, Lammrücken mit Ratatouille und Speck-Kartoffelspieß oder Doradenfilets an provenzalischem Kartoffelsalat. Bei einem Besuch des Straßenbahnmuseums, das jeden zweiten Sonntag im Monat geöffnet ist, sind die hausgemachten Waffeln eine gute Wahl.

 ## Ausstattung

- Kinderstühle
- Malstifte, Bücher
- Wickelplatz

 ## Besonderheiten

- Kindergerichte
- Kindergetränk auf Anfrage
- Großer Biergarten mit Kinderspielecke
- Nähe zum Eisenbahnmuseum (jeden 2. Sonntag im Monat geöffnet)
- Wandermöglichkeiten im nahen Wald

 ## Preistafel (Beispiele)

Getränke
- Wasser 0,2 Liter zu 1,70 €; 0,75 Liter zu 4,50 €
- Apfelsaftschorle 1,80 €
- Kölsch 0,2 Liter zu 1,30 €
- Kakao 1,80 €
- Espresso 1,70 €
- Latte macchiato 2,10 €

Speisen
Kindergerichte:
- Nudeln mit Tomatensauce 3,00 €
- Schnitzel mit Pommes 6,50 €
- Rumpsteak mit Thymiankartoffeln und Salat 17,00 €
- Waffeln 3,50 bis 7,00 €
- Waffeln mit Eis 4,00 €

Lezuch's Gasthaus im Museum
Gemarkenstr. 173
51069 Köln-Dellbrück
Tel. 0221/6801663
www.lezuchs.de
Öffnungszeiten:
Di bis Sa ab 16.30 Uhr,
So und feiertags ab 12 Uhr

Restaurant Zur Tant

Das Restaurant Zur Tant von Franz Hütter, das bereits mehrere Auszeichnungen bekommen hat, gehört zur Spitzengastronomie Kölns. Spitze ist auch die Behandlung der jungen Gäste. Sie bekommen einen Malblock und Buntstifte, damit es ihnen zwischendurch nicht langweilig wird. Kinder werden bei der Auswahl ihres Essens gut beraten und auf Wunsch werden Kinderportionen serviert. Das können auch nur Nudeln mit Butter oder Tomatensauce sein. Auch Wünsche, die nicht auf der Karte stehen, wie zum Beispiel Bratkartoffeln, werden problemlos erfüllt. Die Küche lässt viele österreichische Anleihen wie Semmelauflauf oder Topfenknödel erkennen, besonders bei Desserts und Beilagen.

Außer dem Restaurant gibt es noch einen Biergarten und ein Bistro. Im Biergarten an der Rheinpromenade im Kellergeschoss des Hauses werden beispielsweise herzhafte Kleinigkeiten wie Zwiebelkuchen oder ein gekochter Tafelspitz mit Beilagen angeboten.

Das Bistro heißt Hütter's Piccolo und bietet etwa Spanferkelsülze mit Salat oder Sauerampfercreme mit Croutons, aber auch umfangreichere Gerichte wie Maispoulardenbrust mit Wokgemüse und Reis an.

Alle Speisen kommen aus der gleichen Küche. Sie variieren nicht in der Qualität, wohl aber bei den Preisen.

Das Restaurant Zur Tant gibt es schon seit 29 Jahren. Früher war es ein schlichtes Gasthaus und wurde von einer alleinstehenden Dame betrieben. Da sagten die Leute damals, sie gingen zur Tant. Der Name hat sich bis zum heutigen Tag erhalten.

 ## Ausstattung

- Kinderstuhl
- Malblock und Buntstifte
- Wickelplatz auf Anfrage

 ## Besonderheiten

- 1 Kochmütze im Varta-Führer,
  16 Gault Millau Punkte
- Traumhafte Außenterrasse am Rhein
- Edelrestaurant, Bistro und kleiner
  Biergarten an der Rheinpromenade

Restaurant Zur Tant
Rheinbergstr. 49
51143 Köln
Tel. 02203/81883
www.zurtant.de
Öffnungszeiten:
Fr bis Mi 12–14.30 Uhr,
18–22 Uhr

 ## Preistafel (Beispiele)

Getränke
- Wasser (Gerolsteiner) 0,25 Liter zu
  2,50 €; Flasche 0,75 Liter zu 6,00 €
- Apfelsaft 0,25 Liter zu 2,50 €
- Offener Weißwein 0,1 Liter ab 5,00 €;
  Flasche 0,75 Liter ab 25,00 €
- Offener Rotwein 0,1 Liter ab 5,00 €;
  Flasche 0,75 Liter ab 26,00 €
- Kakao 3,00 €, mit Sahne 3,50 €
- Espresso 2,50 €
- Latte macchiato 3,50 €

Speisen
- Kindergericht: zum Beispiel
  Nudeln mit Butter oder
  Tomatensauce 6,00 €
- Pfifferlinge in Rahm mit Semmel-
  auflauf (Vorspeise) 18,00 €
- Lende vom steirischen Alm-Ochsen
  mit weicher Polenta (Hauptgericht)
  32,00 €
- Warmer Schokoladen-Topfenknödel
  mit Mohneis 12,00 €
- Degustationsmenü ab 2 Personen: 4
  Gänge zu 65,00 €; 6 Gänge zu
  85,00 €

Weinhaus Zur alten Schule

Das Weinhaus Zur alten Schule in Köln-Brück bietet eine gute Mischung aus Eleganz und Gemütlichkeit. In dem Restaurant der gehobenen Kategorie fühlen sich auch die Gäste wohl, die nicht so gern an die eigene Schulzeit erinnert werden möchten. Zum Schulhäuschen gehören mehrere Gasträume. In den oberen gelangt der Gast über eine knarzende Holzstiege. Im Sommer sitzt es sich gut draußen unter Sonnenschirmen auf dem ehemaligen gepflasterten Schulhof.

Kinder erfahren in dem Restaurant eine besonders zuvorkommende Behandlung. Das Essen wird ganz individuell nach den Wünschen der kleinen Gäste zusammengestellt. Da erübrigt sich eine separate Kinderkarte. Auf der Hauptkarte stehen Gerichte wie Lotte mit Hummerkrabbe auf Blattspinat mit kleinen Bratkartöffelchen, karamellisierter Ziegenkäse in Honig auf Rote Bete-Apfel-Salat oder Crème brulée mit Vanilleeis und Beerensalat.

Das Weinhaus Zur alten Schule erinnert ein wenig an ein Puppenhaus, dazu trägt die Inneneinrichtung mit allerlei Kleinigkeiten wie Püppchen, Golduntersetzern, Spitzendeckchen und alten Schränkchen bei.

 ## Ausstattung

- Kinderstühle
- Wickelplatz auf Anfrage

Besonderheiten

- Kinder bekommen nach eigenen Wünschen ein Gericht gekocht
- Historisches Schulgebäude
- Speisen auf drei Etagen
- Gehobene Küche
- Schöner Innenhof
- Familiäre Atmosphäre
- Sonderveranstaltungen wie »Kölsche Woche« oder »Oktoberfest«

Weinhaus Zur alten Schule
Olpener Str. 928
51109 Köln
Tel. 0221/844888
www.weinhaus-zur-alten-schule.de
Öffnungszeiten:
Di bis Sa ab 17.30 Uhr

Preistafel (Beispiele)

Getränke
- Wasser 0,25 Liter zu 2,00 €; Flasche 0,75 Liter zu 5,90 €
- Apfelsaftschorle 0,2 Liter zu 2,50 €
- Warsteiner Pils 2,10 €
- Glas Deutscher Winzersekt 0,1 Liter zu 5,50 €
- Glas Riesling 0,2 Liter zu 6,00 €
- Glas Spätburgunder 0,2 Liter zu 6,90 €
- Espresso 2,20 €
- Cappuccino 2,80 €

Speisen
Kindergericht:
zum Beispiel Rinderfilet mit Kartoffelgratin und Paprika-Konfetti 13,50 €

- Geeistes Melonensüppchen 8,50 €
- Lotte auf Blattspinat mit Riesen-Garnele und Bratkartöffelchen 23,00 €
- Lammkrone vom Schottischen Weidelamm 23,50 €
- Crème brulée 9,50 €

Ausserhalb (rechtsrheinisch)

BioBistro NaturGut Ophoven

Auch Nachwuchsforscher und -entdecker werden mal hungrig. Auf dem »NaturGut Ophoven« im Leverkusener Stadtteil Opladen gibt es daher das BioBistro. Es ist kein Restaurantbetrieb, bietet aber verschiedene kalte und warme Kleinigkeiten zum Sattwerden. Alle Speisen und Getränke stammen aus kontrolliertem biologischem Anbau. Das gilt auch für die Waren, die in dem angeschlossenen Shop angeboten werden. Auf der Karte des Bistros stehen verschiedene Pizzen, Flammkuchen, Muffins und Kuchen. Das Angebot wechselt, große Vorräte werden in dem Selbstbedienungs-Bistro nicht angelegt.

Der Laden hat eine kleine Theke und ist mit hellen Holzmöbeln eingerichtet. Im Freien gibt es weitere Sitzgelegenheiten. Vom Bistro gibt es einen Verbindungsweg zum Kinder- und Jugendmuseum »EnergieStadt«. An der Museumskasse werden auch die Speisen, Getränke und Einkäufe bezahlt. Im Bistro darf mitgebrachtes Essen gegessen werden. Der Förderverein »NaturGut Ophoven«, der das Bistro in Eigenleistung betreibt, freut sich, wenn die Getränke im Laden gekauft werden. Pflicht ist es aber nicht. Für Gruppen kann Pasta mit Tomatensauce bestellt werden und für Kindergeburtstage gibt es auf Wunsch und Vorbestellung Pommes frites und Geflügelwürstchen.

Seit einigen Jahren gibt es das Kinder- und Jugendmuseum »EnergieStadt« schon. Das mehr als 60 000 Quadratmeter große, naturnah gestaltete Gelände ist täglich für Besucher geöffnet. Es gibt eine Vielzahl von pädagogischen Angeboten für Kinder und Jugendliche. Auf dem »NaturGut Ophoven« kann spielerisch und über entdeckendes und handlungsorientiertes Lernen Natur erlebt werden. Zudem sollen biologische und ökologische Kenntnisse vermittelt werden.

Das Bistro- und das Museumsgebäude gehören zu der denkmalgeschützten ehemaligen Wasserburg Ophoven.

Ausstattung

- Kinderstühle
- Kinderfahrzeug PlasmaCar (bewegt sich allein durch Lenkbewegungen vorwärts)
- Wickelplatz

Besonderheiten

- Bistro gehört zum »NaturGut Ophoven«
- Umfangreiches Veranstaltungs- und Erlebnisprogramm
- Naturerlebnispfad
- Vogelbeobachtungshaus »Piep-Schau«
- Baumwippe
- Weidenspielräume u.v.m.
- Kleiner Parkplatz vor dem Gelände
- Nähe zum Bahnhof Opladen

Preistafel (Beispiele)

Getränke

- Berg. Waldquelle 0,5 Liter zu 0,65 €
- Fruchtsäfte 0,2 Liter zu 1,30 €
- Apfelschorle 0,33 Liter zu 1,10 €
- Lammsbräu 0,33 Liter zu 1,20 €
- Prosecco Fl. 12,00 €
- Kaffee, Tee (aus dem Automaten) 0,80 €

Speisen

- Pizza (zum Beispiel Spinat, vegetarisch) 4,00 €
- 6 Minipizzen 2,95 €
- Flammkuchen (vegetarisch) 4,00 €
- Kuchen (Sand, Zitrone, Nuss, Schoko) 0,85 €
- Muffin 0,60 €

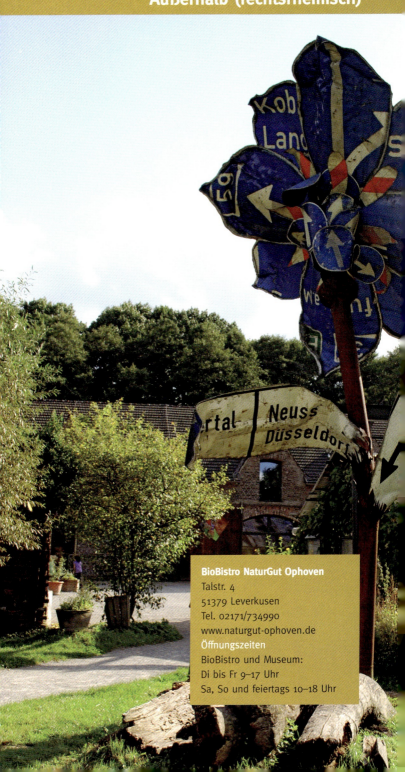

BioBistro NaturGut Ophoven
Talstr. 4
51379 Leverkusen
Tel. 02171/734990
www.naturgut-ophoven.de
Öffnungszeiten
BioBistro und Museum:
Di bis Fr 9–17 Uhr
Sa, So und feiertags 10–18 Uhr

Deutscher Märchenwald
Altenberg

Märchenhaftes, wohin das Auge blickt: Rotkäppchen als Wegweiser, Holzgänse mit kleinen Laternen in den Schnäbeln als Wandleuchten und Gänseliesel mitsamt der Gänse als Motive auf den ausladenden Deckenlampen. Die Speisen werden auf Geschirr serviert, das mit Märchenmotiven verziert ist. Klassische Märchen beginnen mit den Worten: »Es war einmal …«. Für das Restaurant Deutscher Märchenwald gilt ähnliches: Es war einmal ein Gastronom mit Namen Wilhelm Schneider, der eine Vorliebe für Märchen und Sagen hatte. In seinem Restaurant sollten sich Kinder und Erwachsene gleichermaßen wohlfühlen. Diesen Anspruch hat auch Detlev Kreber, der den Familienbetrieb von seinem Patenonkel Wilhelm übernommen hat und seither gemeinsam mit seiner Frau Wilhelmine in dritter Generation führt.

Im Märchen scheint die Zeit stillzustehen – oder wer hätte je davon gehört, dass Rotkäppchen altert und sich Sorgen um die private Altersvorsorge macht. Eben. Im Restaurant Deutschen Märchenwald scheinen sich die Uhren ebenfalls etwas langsamer als anderswo zu drehen. Rustikal und gediegen ist auch das Angebot auf der Speisekarte. Die Küche setzt auf Bergische Spezialitäten wie Waffeln mit Milchreis und Kirschen und auf Gutbürgerliches nach dem Prinzip »Schnitzel mit Pommes und gemischter Salat«. Das gilt auch für die Kindergerichte. Angeboten werden vor allem Schnitzel, Würstchen und Hähnchennuggets, stets mit Pommes. Das Eis und die Torten sind hausgemacht. Keine modernen Kreationen, sondern solide Klassiker wie Buttercreme, Apfel- und Erdbeerkuchen. Der Hit ist die »Märchenwaldtorte«, ein opulentes Buttercremewerk mit applizierten Märchenmotiven aus Marzipan und Schokostreuselrand. Speziell für die kleinen Gäste gibt es Kinderwaffeln und Märchenwaldkuchen.

⚘ Ausstattung

- Kinderstühle
- Märchenfiguren als Ausmalbilder
- Wickelplatz: extra breit mit eigenem Waschbecken

! Besonderheiten

- Eigene Kindertoilette
- Kinderspielplatz am Haus
- Märchenwald (kostet extra Eintritt) mit gesondertem Kinderwagenweg
- Wasserorgel im Restaurant
- 100 Außenplätze, innen 260 Plätze
- Die Umgebung lädt zu Spaziergängen ein
- Nähe zum Altenberger Dom
- Großer, gebührenpflichtiger Parkplatz ganz in der Nähe des Märchenwaldes
- Frei parken auf dem öffentlichen Parkplatz vor Altenberg, von dort aus etwa 7 Minuten Fußweg an der Dhünn entlang

€ Preistafel (Beispiele)

Getränke
- Wasser 2,00 €
- Limo 2,00 €
- Kölsch 0,33 Liter 2,30 €
- Kakao mit Sahne 2,20 €
- Kaffee (nur Kännchen) 3,90 €
- Latte macchiato 2,90 €

Speisen
- Kinderschnitzel mit Pommes 5,20 €
- Würstchen mit Pommes 3,80 €
- Hähnchennuggets mit Pommes 4,60 €
- Kinderwaffel 2,20 €
- 3 Kugeln Eis 2,70 €

- Märchenwaldkuchen 2,80 €
- Bergische Waffeln 4,50 €

Deutscher Märchenwald Altenberg GmbH
Märchenwald, Café, Gaststätte, Wasserspiele
51519 Odenthal
Tel. 02174/40454
www.deutscher-maerchenwald.de
Öffnungszeiten:
täglich 9–18,
im Winter 9–16 Uhr,
Ruhetag Freitag
(außer in den Ferien)

Die Glocke

Im Restaurant Die Glocke werden die Gäste verzaubert. Jeden Sonntag während des Brunchs. Dann geht ein Zauberer von Tisch zu Tisch und zeigt kleine Kunststückchen. Kindern präsentiert er später in einem separaten Raum weitere Kostproben seines Könnens.

In der Glocke gibt es am Wochenende Buffets, an den anderen Tagen wird à la carte gekocht. Von montags bis freitags gibt es eine Mittagskarte mit wechselnden Gerichten. Die Küche pflegt einen mediterranen Stil mit leichtem asiatischen Einschlag. Das zeigt sich beispielsweise bei Speisen wie »Entenbrust mit Honig glasiert auf süßsaurem Sommergemüse und Reisplätzchen«. Viele Hauptgerichte gibt es für Kinder auf Wunsch in kleineren Portionen. Außerdem gibt es eine Kinderkarte mit Klassikern wie Spaghetti mit Tomatensauce. Auf Sonderwünsche ist die Küche eingestellt.

Der Hit für die Kinder, durchaus auch für ältere, ist der Spielplatz mit Ballhaus, Kletterturm und Space Shuttle. Während des Sonntags- und Feiertagsbrunch werden kleinere Jungen und Mädchen von zwei Betreuerinnen beaufsichtigt.

Die Glocke war früher so etwas wie eine Bahnhofsgaststätte und lange in Familienbesitz. Sie ist 110 Jahre alt. Einst war an der Stelle die Haltestelle für das Brohltalbähnchen. Ein Zug mit Anhängern steht auf einem Gleis gegenüber des Restaurants zur Erinnerung da. Besonders ansprechend ist der im mediterranen Stil angelegte Innenhof mit Teich und der große Wintergarten. Außer dem Restaurant gehören eine Weinstube und eine Bar zur Glocke.

 Ausstattung

- Kinderstühle
- Spielgeräte
- Spiel- und Beschäftigungsmaterial
- Wickelplätze auf Damen- und Herrentoilette

 Besonderheiten

- Kinderkarte
- Kindergetränk
- Spielplatz am Restaurant
- Sonn- und Feiertagsbrunch mit einem Zauberer und Kinderbetreuung
- Innenhof mit Terrasse und Fischteich mit Wasserfall
- Beheizte Terrasse
- Freitag bis Sonntag: Buffet
- Hauseigener Parkplatz
- WLAN

Die Glocke

Kölnstr. 170
53757 Sankt Augustin
Tel. 02241/921880
www.dieglocke.de
Öffnungszeiten:
Mo bis Do 10–23 Uhr,
Fr und So 10–1 Uhr, Sa 18–1 Uhr

Preistafel (Beispiele)

Getränke
- Wasser 0,25 Liter zu 2,20 €; 0,75 Liter zu 5,40 €
- Apfelsaft 0,2 Liter zu 2,50 €
- Kölsch 0,2 Liter zu 1,40 €; 0,3 Liter zu 2,30 €
- Kakao 2,00 €
- Espresso 2,20 €
- Latte Macchiato 2,80 €

Speisen
Kinderkarte:
- Spaghetti mit Tomaten- oder Sahnesauce 4,80 €
- Kleines Fischfilet mit Kartöffelchen 6,80 €
- Gerichte à la carte für Kinder halber Preis

- Glockensalatteller mit gegrilltem Lachsfilet 10,80 €
- Jungschweinfilet in der Kräuterkruste auf Pilzragout 18,00 €

- Buffet 22,80 € pro Person; Kinder bis 3 Jahre frei; Kinder von 4 bis 13 Jahren pro Lebensjahr 1,00 €

- Sonntagsbrunch 20,00 € Erwachsene; Kinder siehe Buffet

Die Wacht am Rhein

Das Restaurant Wacht am Rhein ist durch seine Lage direkt am Strom ein klassisches Ausflugslokal. Bei schönem Wetter können die Gäste auf der Außenterrasse oder im weitläufigen Biergarten Platz nehmen. Der sehr geräumige Innenbereich bietet durch eine fast durchgängige Rundumverglasung einen wunderbaren Panoramablick. Das Haus liegt etwas zurückgebaut, die vorbeiführende Straße ist stark befahren. Gäste sollten ihr Auto unbedingt auf den ausgewiesenen Parkflächen abstellen. Die große Freifläche direkt vor dem Haus ist zwar verlockend, ist aber ein Halteverbotsbereich, den die Mitarbeiter des Ordnungsamtes gut kennen.

Die Speisekarte des Restaurants Wacht am Rhein bietet viel Abwechslung mit mehreren Pasta-, Fisch- und Fleischgerichten. Dazu rheinische Klassiker wie »Himmel un Äd« sowie Rheinischer Sauerbraten. Daneben so genannte »W8«-Spezialitäten wie die W8-Pfanne mit Hackbraten und Spiegelei oder den »W8-Topf« mit Schweinefilet vom Grill in einer extra-scharfen Variante. Es gibt eine separate Kinderkarte mit dem Schweinerückensteak »Miss Piggy«, dem Nudelteller »Teletubbies« oder die Bockwurst mit Pommes »Sesamstraße«. Es gibt eine Mittagskarte und sonntags Brunch.

Ein Pluspunkt ist die unmittelbare Nähe zum Naherholungsgebiet »Neuland-Park«. Auf dem Gelände der ehemaligen Landesgartenschau befinden sich mehrere Spielplätze mit Sandkästen, Klettergeräte und Rutschen, eine Skateranlage, Spielstationen und Liegewiesen.

 Ausstattung

- Kinderstühle
- Mal-Utensilien
- Wickelplatz

Besonderheiten

- Kinderkarte
- Nähe zum Rhein
- Nähe zum Naherholungsgebiet Neuland-Park

Die Wacht am Rhein
Rheinallee 3
51373 Leverkusen
Tel. 0214/50699881
www.diewachtamrhein.de
Öffnungszeiten:
Mo bis Sa 9–24 Uhr,
So 10–23 Uhr

Preistafel (Beispiele)

Getränke
- Wasser 0,25 Liter zu 1,80 €
- Apfelschorle 0,3 Liter zu 2,40 €
- Cola, Limo 0,3 Liter zu 2,40 €
- Kölsch 0,2 Liter zu 1,60 €
- Heiße Schokolade (groß) 2,20 €
- Espresso 1,80 €
- Kaffee Crème 2,20 €

Speisen
Kinderkarte:
- Hamburger Dino 5,00 €
- Schweinerückensteak mit Pommes und Champignonsauce 5,50 €
- Bockwurst mit Pommes 3,50 €

- W8-Pfanne: gebr. Hackepeter mit Spiegelei, Röstzwiebeln und Bratkartoffeln 10,00 €
- Himmel un Äd 8,50 €
- Lachsfilet mit Krabbensauce, Kartoffeln und Spinat 12,50 €

Forsbacher Mühle

Die Forsbacher Mühle ist ganz auf Familien eingestellt, die den Restaurantbesuch mit einen Ausflug in den Königsforst verbinden möchten. Es gibt eine Kinderkarte, aber auch viele Gerichte von der allgemeinen Speisekarte auf Wunsch als kleinere Portionen. Auf der Karte dominieren Schnitzel in verschiedenen Ausführungen. Ein Klassiker ist die Bergische Kaffeetafel. Für zu Hause oder die Heimfahrt gibt es einen Lutscher mit dem Logo der Forsbacher Mühle.

Hit bei Kindern ist der etwa 100 Meter vom Lokal entfernte Waldspielplatz.

Neben dem Café und Restaurant mit Innen- und Außenbereich gehört ein Hotel mit 24 Zimmern zum Anwesen. Außerdem ein großer Teich. Im Sommer wird im Biergarten gegrillt.

 Ausstattung

- Kinderstühle
- Spielmaterial: Buntstifte, Malpapier und Spielecke
- Wickelplatz

 Besonderheiten

- Großer Waldspielplatz (100 Meter entfernt)
- Außengastronomie mit kleinem Teich
- Gesellschaftsräume für Familienfeiern
- WLAN
- Eigener Parkplatz
- Hotel im Haus
- Wandermöglichkeiten im Königsforst

Forsbacher Mühle
Mühlenweg 43
51503 Rösrath
Tel. 02205/2294
www.forsbacher-muehle.de
Öffnungszeiten:
Im Sommer täglich 11–23,
im Winter 15–23 Uhr

 Preistafel (Beispiele)

Getränke
- Wasser (Apollinaris) 0,25 Liter zu 1,90 €; Bonaqua 0,3 Liter zu 2,10 €
- Apfelsaft 0,2 Liter zu 1,80 €
- Tasse Kakao 2,10 €, mit Sahne 2,50 €
- Espresso 2,00 €
- Latte macchiato 2,80 €

Speisen
Kindergerichte:
- Hähnchennuggets mit Pommes, Ketchup und Mayonnaise 6,50 €
- Spaghetti Bolognese 4,50 €
- Medaillons vom Schwein mit Pfeffersauce dazu Kroketten und Salat 14,50 €
- Mousse au Chocolat mit frischen Früchten 4,50 €
- Waffel natur 3,00 €
- Bergische Kaffeetafel mit Waffeln, Milchreis, Schinken, Leberwurst, Apfelkraut und Schwarzbrot 14,50 €

Hermann des Wirths Hauß

Das Restaurant Hermann des Wirths Hauß liegt im ältesten Stadtteil Leichlingens, im Dorf. Das Gasthaus blickt auf eine lange Geschichte zurück. Der Überlieferung nach war es schon im Jahre 1607 ein Wirtshaus. Es befindet sich noch heute in Familienbesitz. Jetzt führen die Brüder Spieker das historische Gasthaus. Das Gebäude steht unter Denkmalschutz. Neben dem Restaurant gehören ein Biergarten und ein Gewölbekeller – die »Tonne« für maximal 25 Personen – zum Haus, das zugleich das älteste Gebäude im Dorf ist.

Der Gast ist schon beim Lesen der Speisekarte fröhlich gestimmt. Die Küche hat fast jedem Gericht einen witzigen Beinamen verpasst. So tragen alle Schnitzel die Namen bekannter Tatort-Gespanne. Wer »Ballauf & Schenk« bestellt, bekommt sein Schnitzel mit Rahmsauce. Wem mehr der Sinn nach einem mit Blattspinat und Käse überbackenen Schnitzel steht, sollte »Odenthal & Kopper« wählen. Noch mehr Heiterkeit, jedenfalls bei einheimischen Gästen, erzeugen die Burger. Die heißen alle wie Leichlinger Persönlichkeiten. Motto: »Hinter jedem Burger steht ein Bürger«. Die Gerichte auf der Kinderkarte heißen wie die Kinder der Besitzer.

 Ausstattung

- Kinderstühle
- Mal-Utensilien
- Wickelplatz auf Anfrage

 Besonderheiten

- Kinderkarte
- Mittagskarte
- Schnitzelkarte
- Burgerkarte
- Ganskarte (ab November)
- Historisches, denkmalgeschütztes Haus

Hermann des Wirths Hauß
Mittelstraße 10–12
42799 Leichlingen
Tel. 02175/73525
www.Hermann-des-Wirths-hauss.de
Öffnungszeiten:
Mo bis Sa 17.30–23 Uhr,
So 17.30–22 Uhr,
Sa und So 11.30–14 Uhr

 Preistafel (Beispiele)

Getränke
- Wasser 0,2 Liter zu 1,60 €
- Apfelschorle 0,3 Liter zu 2,20 €
- Limo, Cola 0,2 Liter zu 1,60 €
- Espresso 2,00 €
- Kaffee 1,80 €
- Cappuccino 2,60 €
- Kölsch 0,2 Liter zu 1,60 €

Speisen
Kinderkarte:
- 2 kleine Bockwürstchen mit Pommes 3,50 €
- Fischstäbchen, Blattspinat und Kroketten 5,50 €

- Tortellinisalat gefüllt mit Hack-fleisch, Gemüse und Käse 9,50 €
- Hühner-Frikassee, Gemüse, Reis und Kopfsalat 13,50 €
- Schnitzel »Odenthal & Kopper« mit Spinat und Käse überbacken 12,00 €
- Alle Burger-Gerichte mit Pommes und Salat 10,00 €
- Mini-Tartufo 4,50 €

Kinderfreundlichkeit ist im Ikos in Bergisch Gladbach-Refrath mehr als nur ein Lippenbekenntnis. Jeden Freitag, Samstag und Sonntag gibt es eine Kinderbetreuung. Ab 17 Uhr kümmert sich eine ausgebildete Kindergärtnerin um die jungen Gäste. Bei schönem Wetter auf dem Spielplatz am Haus, bei schlechter Witterung im Sälchen. Es gibt einen separaten Wickelraum, in dem auch ein Kinderbettchen steht. Der Raum liegt in der ersten Etage und ist somit vor Geräuschen abgeschirmt. Ein Babyfon muss mitgebracht werden.

Das Ikos bietet dem Gast eine griechisch-mediterrane Küche. Das Angebot wechselt, es gibt zudem ein Tageskarte. Auf der Kinderkarte finden sich Gerichte wie »Robin Hood« (Schweinefleischspieß mit Pommes und Gemüse) oder »Käpt'n Blaubär« (Fischstäbchen), die in zwei Portionsgrößen angeboten werden. Kindgerechte Eisnachspeisen krönen die Mahlzeit der Kleinen. Kinder bis zum Alter von sechs Jahren essen kostenlos. Die Abendkarte wartet mit griechischen Klassikern wie Bisteki, Souvlaki und Grillteller sowie Fischspezialitäten auf.

Zusätzlicher Service: Auf der Homepage des Restaurant gibt es das »Rezept des Monats« zum Nachkochen. Außer dem Restaurant gibt es eine Schänke mit einer kleineren Karte, einen Biergarten und ein Sälchen.

 Ausstattung

- Kinderstühle
- Spielmaterial: Bilderbücher, Bücher, Mal-Utensilien, Bastelsachen
- Wickelraum mit Kinderbettchen

 Besonderheiten

- Kinderspielplatz
- Kinderbetreuung: Fr, Sa, So (außer Karneval und Weihnachten) ab 17 Uhr
- Kinder bis 6 Jahre essen kostenlos
- Umfangreiche Weinkarte (Weinbuch)

Ikos
Kicke 18
51427 Bergisch Gladbach
Tel. 02204/21022
Öffnungszeiten:
Von Oktober bis April:
Di bis Sa 17.00–1 Uhr,
So und feiertags 12–1 Uhr;
von Mai bis September:
Mo bis Sa 17.00–1 Uhr,
So und feiertags 12–1 Uhr

 Preistafel (Beispiele)

Getränke
- Wasser 0,25 Liter zu 2,10 €
- Cola, Fanta 0,3 Liter zu 2,60 €
- Kölsch 0,2 Liter zu 1,30 €
- Weizen 0,5 Liter zu 3,50 €
- Espresso 2,30 €
- Kaffee 2,20 €
- Latte macchiato 2,80 €

Speisen
- Kindergerichte klein 4,50 €; groß 6,50 €; Kinder bis 6 Jahre essen kostenlos

- Mezedesteller 12,50 €
- Saganaki (überbacken) 4,90 €
- Grillteller 18,90 €
- Dorade Royal 19,50 €
- Bifteki 15,90 €
- Souvlaki 13,90 €

Krewelshof

Der Krewelshof Erlebnis-Bauernhof ist für Familien eine echte Entdeckung. Dabei ist er eigentlich gar kein Bauernhof, sondern eine Präsentations- und Anschauungsfläche für bäuerliche Produkte. Die wurde auf der grünen Wiese, gegenüber der Burg Sülz, von Theo und Danielle Bieger gebaut. Das Ehepaar hat einen landwirtschaftlichen Betrieb bei Euskirchen und bietet auf dem Krewelshof ihre Erzeugnisse an. Für die perfekte Bauernhof-Illusion sorgen große, grün angestrichene Gebäude, die innen rustikal in Holz gehalten sind. Der Hof ist Stück für Stück gewachsen. Zuerst gab es einen großen Hofladen mit eigenen Erzeugnissen oder zugekauften Bioprodukten. Jetzt besteht das Ensemble aus einer kleinen Schaubäckerei, einem Restaurant-Café mit Galerie und Gesellschaftsraum, einer Schaukäserei mit großzügigem gläsernen Rundgang und einer Spielscheune. Die ist so groß, dass sogar eine Hüpfburg Platz hat. Außerdem eine Spielecke und Kicker. Wer in die Spielscheune möchte, muss allerdings Eintritt bezahlen. Es gibt aber auch im Restaurant eine Spielecke und eine Menge Beschäftigungsmöglichkeiten für die jungen Besucher im Freien. Sie können durchs Mais-Labyrinth streifen, mit dem Gokart übers Gelände flitzen, zum Streichelzoo gehen oder sich im Sommer auf der Wasserrutsche austoben.

In der Spielscheune werden Getränke jederzeit angeboten. Speisen gibt es während der Woche nur im Restaurant. Die dürfen die Gäste mit in die Spielscheune nehmen oder sich gleich einen gefüllten Picknickkorb von zu Hause mitbringen.

Die Spielscheune hat auf Vorbestellung verschiedene Kindergeburtstagspakete im Programm. Dazu zählen Pizza vom Blech, Rohkost mit Dip oder Stockbrotbacken. Am Wochenende wird in der Spielscheune für Eltern und Kinder zusätzlich ein Frühstücksbuffet aufgetischt. Im Restaurant gibt es parallel dazu ein Langschläferfrühstück mit Rührei und Co, kein Brunch. Warme Speisen gibt es am Buffet. Es gibt einige Tagesgerichte für Erwachsene und ein wechselndes Kindergericht.

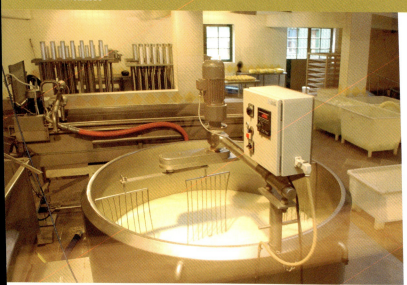

Ausstattung

- Kinderstühle
- Spielecke im Restaurant
- Extra Spielscheune
- Wickelplatz

! Besonderheiten

- Spielscheune, Eintritt 3,50 Euro
- Themen-Kindergeburtstage in der Spielscheune
- Hofladen mit eigenen Produkten
- Schaukäserei und hauseigene Bäckerei
- Mais-Labyrinth
- Gokart-Fahren
- Themenfeste und Flohmarkt
- Streichelzoo
- Wasserrutsche
- Große Räume für Gesellschaften

Preistafel (Beispiele)

Angebote Restaurant

- Wasser (Bonaqua) 0,2 Liter zu 1,50 €
- Kakao kleine Tasse 1,90 €; große Tasse 2,20 €
- Espresso 1,90 €
- Latte macchiato 2,50 €

- Kindertagesgericht 3,90 €
- Verschiedene Tagesgerichte: zum Beispiel Spätzle-Pfifferlings-Pfanne 6,90 €

Angebote Spielscheune

- Kinderwasser 0,1 Liter 0,80 €

- Frühstücksbuffet an Sonn- und Feiertagen: 12,90 € für Erwachsene; 8,90 € für Kinder

Angebot Kindergeburtstag:

- Blech Pizza 17,00 €
- Gemüsesticks plus Dip 10,00 € pauschal

Krewelshof
53797 Lohmar
Tel. 02205/897706
www.krewelshof.de
Öffnungszeiten:
täglich 9–18 Uhr

Landgasthaus Heidestübchen

Das Heidestübchen ist ein in dritter Generation geführtes Restaurant. Es liegt auf einer kleinen Anhöhe mitten im Bergischen Land. Zum Haus gehört ein liebevoll bepflanzter und sorgfältig gepflegter Garten. Außerdem gibt es einen großen Kinderspielplatz, einen Kunstrasen-Tennisplatz und eine Wiese zum Fußballspielen.

Die Speisekarte bietet schwerpunktmäßig rustikale Gerichte mit regionalem Bezug. Viele der verwendeten Kräuter und Gemüsesorten stammen aus dem eigenen Garten. Empfehlenswert ist auch die Bergische Kaffeetafel, die Gruppen ab sieben Personen vorbestellen können. Es gibt eine separate Kinderkarte. Die ist schon von außen hübsch anzusehen. Auf der Vorderseite haben sich hinter einer durchsichtigen Folie ein paar Gummibärchen versteckt.

Der Weg zum Heidestübchen führt von der Hauptstraße aus über ein paar kleinere Straßen. Vor dem Haus ist ein großer Parkplatz. So liegt das Restaurant gut abgeschirmt vom Straßenlärm der vorbeifahrenden Autos und Motorradfahrer, die vor allem am Wochenende auf der B 56 unterwegs sind.

 Ausstattung

- Kinderstühle
- Spielplatz
- Wickelplatz

Besonderheiten

- Kindercocktail
- Kinderkarte
- Ländliche Idylle am Wanderparkplatz
- Großer Kinderspielplatz mit vielen Geräten und zwei rustikalen Sitzmöglichkeiten für die Familie mit großen Tischen
- Fußballwiese, Kunstrasen-Tennisplatz
- Separater Kindertisch mit Bänken im Biergarten
- Kegelbahn
- Reservierung erforderlich

Landgasthaus Heidestübchen
Hündekausen 2
53804 Much
Tel. 02245/2429
www.landgasthaus-heidestübchen.de
Öffnungszeiten:
Mi bis Fr ab 17 Uhr; Sa,
So und feiertags ab 11.30 Uhr

 Preistafel (Beispiele)

Getränke
- Kindercocktail 2,80 €
- Wasser 0,2 Liter zu 1,40 €; 0,75 Liter zu 4,40 €
- Kölsch 0,2 Liter zu 1,40 €
- Rotwein 0,25 Liter zu 6,30 €
- Kakao 2,50 €
- Espresso 2,00 €
- Latte macchiato 2,90 €

Speisen
- Kinderschnitzel mit Pommes und Salat 5,90 €
- Kinderreibekuchen mit Apfelmus 3,20 €
- Biopasta mit Steinpilzen 13,90 €
- Sauerbraten vom Bergischen Ochsen mit Rotkohl und Spätzle 14,80 €
- Bergische Kaffeetafel mit Eierkuchen, Waffeln, Milchreis, Rosinenstuten, Blut- und Leberwurst, gekochter Schinken, Käse, Kräuterquark, Hefeplätzchen und einem Kännchen Kaffee, Tee oder Kakao 15,90 €

Naumanns
im Lingenbacher Hof

Mitten im Bergischen Freilichtmuseum Lindlar liegt die Gaststätte Naumanns im Lingenbacher Hof. Das Haus verfügt über zwei Gasträume auf zwei Etagen, dazu über einen Biergarten und eine Außenterrasse. Von dort hat der Gast einen wunderbaren Blick ins Bergische Land. Die Öffnungszeiten des Restaurants sind an die des Museums gekoppelt. Private Feiern sind nach Absprache auch zu anderen Zeiten möglich. Direkt neben der »aktuellen« Gaststätte steht das historische Lokal Römer mit Schankraum und Gaststube. Es ist Teil des Museums und kann besichtigt werden.

Im Naumanns im Lingenbacher Hof werden vor allem regionale Spezialitäten wie Potthucke (Kartoffelkuchen) mit Spiegelei und Salat, Bergische Kaffeetafel oder die Bergische Landbier-Brezel-Suppe angeboten, aber auch wechselnde Eintöpfe oder Jägerschnitzel. Dazu Waffeln und Kuchen vom Blech. Es gibt Kindergerichte wie Nudeln mit Tomatensauce, Pommes mit und ohne Brühwurst und Knabbergemüse mit Dip. Wer einen »Räuberteller« bestellt, isst bei den Erwachsenen mit. Die Küche setzt stark auf heimische Bioprodukte. Für Kinderfeiern werden individuelle Menüs zusammengestellt.

Naumanns im Lingenbacher Hof
Bergisches Freilichtmuseum Lindlar
51789 Lindlar
Tel. 02266/464280
www.lingenbacher-hof.de
www.freilichtmuseum-lindlar.lvr.de
Zugänglich zu den Museums-
öffnungszeiten:
von März bis Oktober
Di bis So 10–18 Uhr;
von November bis Februar
Di bis So 10–16 Uhr
sowie auf Anfrage

Das Gelände des völlig autofreien Museums bietet viele Entfaltungsmöglichkeiten für Kinder. In unmittelbarer Nähe zum Restaurant gibt es einen Klettergarten, jüngere Kinder gehen auf den Spielplatz neben der Gaststätte. Das Bergische Freilichtmuseum lässt die Natur und Kultur des Bergischen Landes von vor 100 Jahren wieder lebendig werden. Es gibt täglich Handwerksvorführungen.

 ## Ausstattung

- Kindersitzplatz
- Kinderstühle
- Bücher, Mal-Utensilien
- Wickelplatz

Besonderheiten

- Kinderkarte
- Kindergetränke
- Spielplatz mit Sandkasten
- Klettergarten in der Nähe
- Mitten im Freilichtmuseum Lindlar
- Besuch nur in Verbindung mit Museumseintritt (außer private Feiern)
- Biergarten
- Terrasse
- Autofreies Gelände
- Parkplatz am Museum
- Gehbehinderte können nach Absprache bis vors Restaurant fahren
- 800 Meter vom Museum entfernt liegt die Wasserschlossanlage von Schloss Heiligenhoven

Preistafel (Beispiele)

Getränke
- Kindergetränke 0,1 Liter: Wasser, Limo, Apfelschorle 1,00 €
- Wasser 0,25 Liter zu 1,40 €
- Apfelschorle 0,2 Liter zu 1,50 €
- Cola, Limo 0,2 Liter zu 1,50 €
- Bionade 0,33 Liter zu 2,10 €
- Kölsch 0,2 Liter zu 1,50 €
- Berg. Landbier 0,3 Liter zu 2,80 €
- Kakao 2,20 €
- Espresso 1,80 €
- Café Creme 2,00 €
- Latte macchiato 2,50 €

Speisen
Kinderkarte:
- Knabbergemüse mit Dip 3,00 €
- Nudeln mit Tomatensauce 4,00 €
- Pommes 2,50 €
- »Räuberteller« frei

- Bergische Potthucke mit Spiegelei und Salat 8,90 €
- Bergische Kaffeetafel 14,90 €

- Waffel pur 2,20 €
- Waffel mit Kirschen und Sahne 4,00 €

Ein über 250 Jahre altes Fachwerkhaus ist der Mittelpunkt der Bauernhof-Gastronomie Rusticus im Leichlinger Stadtteil Witzhelden. Das Gebäude wurde von Grund auf restauriert, wobei möglichst mit herkömmlichen Materialien gearbeitet wurde. Heute sind auf mehreren Ebenen ein Restaurant und ein Café untergebracht. Jeder Raum ist individuell gestaltet.

Die Gerichte auf der Speisekarte wechseln im 14-Tages-Rhythmus. Angeboten werden Gerichte wie zum Beispiel Bergische Bauernsülze mit Zwiebeln und Bratkartoffeln oder Rheinischer Sauerbraten

mit Klößen und Rotkohl. »Utes Käseteller« bietet verschiedene Rohmilchkäsesorten aus eigener Herstellung an. Denn neben dem gastronomischen Betrieb gibt es den »Hielscher Hof«, ein reiner Milchviehbetrieb. Die Milchprodukte werden in Handarbeit hergestellt und zum Teil in der Restaurantküche eingesetzt oder im Hofladen verkauft. Es gibt im Rusticus eine separate Kinderkarte, die hier »Für kleine Rusticaner« heißt und zum Beispiel Kinderschnitzel mit Pommes und Salat oder Butternudeln mit Sauce anbietet. Auf dem weitläufigen Außengelände befindet sich ein Spielplatz mit Wiese. Im Sommer lockt ein Ausflug ins Mais-Labyrinth. In der kühleren Jahreszeit wird ein Lehmofen in Gang gesetzt.

 Ausstattung

- Kinderstühle
- Spielplatz
- Wickelplatz

Besonderheiten

- Streichelzoo
- Zauberiglu mit Lesungen
- Planwagenfahrten
- Hofladen
- Im Sommer Mais-Labyrinth
- Biergarten und Terrasse
- Sonderaktionen wie Bauernhand-werkermarkt
- Angeschlossener Milchviehbetrieb
- Spielplatz mit Rutschbahn, Schaukel und Sandkasten
- Samstags, sonntags und feiertags Frühstücksbuffet von 9 bis 11 Uhr
- Wander- und Fahrradwege führen am Haus vorbei

Rusticus
Krähwinkel 4
42799 Leichlingen
Tel. 02174/748612
www.rusticus.net
Öffnungszeiten:
täglich ab 11 Uhr, Sa,
So und feiertags;
Frühstücksbuffet von 9–11.30 Uhr

Preistafel (Beispiele)

Getränke

- Wasser 0,2 Liter zu 1,50 €; 0,25 Liter zu 1,70 €
- Apfelschorle 0,2 Liter zu 1,50 €; 0,3 Liter zu 2,30 €
- Buttermilch aus eigener Herstellung 2,00 €; 0,3 Liter zu 2,50 €
- Limo, Cola 1,50 bis 2,30 €
- Kölsch 0,3 Liter 2,10 €
- Weizen 0,5 Liter 3,50 €
- Kakao 2,50 €
- Espresso 2,00 €
- Tasse Kaffee 1,80 €; Pott 2,10 €
- Latte macchiato 2,70 €

Speisen

- Kinder-Butternudeln mit Champignon- oder mit Gulaschsauce 5,90 €
- Kinderschnitzel mit Pommes und Salat 6,90 €
- Bergische Bauernsülze mit Zwiebeln, Remouladensauce und Bratkartof-feln 8,90 €
- Utes Käseteller 7,90 €
- Rusticus Lasagne mit Salat 10,90 €
- Rheinischer Sauerbraten mit Klößen und Rotkohl 15,90 €
- Hausgemachte Waffeln mit Kirschen 4,00 €
- Hausgemachter Kuchen von 2,30 € bis 3,00 €

Zum Löwen

Das Restaurant Zum Löwen ist Teil des Bayer-Kasinos in Leverkusen. Es ist ein öffentlich zugängliches Restaurant, das sowohl über den Haupteingang des Kasinos auf der Kaiser-Wilhelm-Allee, als auch über einen zweiten Eingang auf der Rückseite des Gebäudes erreicht werden kann. Wer durch den sehenswerten Japanischen Garten spaziert, landet direkt vor dem Bayer-Kasino.

Für »kleine Löwen« gibt es eine eigene Kinderkarte. Angeboten werden Schnitzel, Pommes, Nudeln oder Putengeschnetzeltes mit Rahmsauce und Püree. Wer das »Kid's Menu« wählt, bekommt ein kleines Schnitzel, Pommes, ein Getränk und hinterher ein Kindereis. Man kann sich aber auch einfach einen leeren Teller bestellen und bei den Erwachsenen am Tisch ein paar Happen stibitzen. »Große Löwen« greifen beispielsweise zum Rumpsteak unter Löwensenfkruste. Die »Stars« der rheinischen Küche stehen ebenfalls auf der Speisekarte.

Zum Restaurant gehören mehrere Gasträume einschließlich Weinkeller und Außenbereich. Parkplätze gibt es beispielsweise am Japanischen Garten oder in der Verlängerung der Kaiser-Wilhelm-Allee. In unmittelbarer Nähe des Restaurant gibt es nur wenige Stellplätze. Der Japanische Garten entstand 1912 als Privatgarten des damaligen Generaldirektors der Farbenfabrik Friedrich Bayer & Co., Carl Duisberg. In den 1950er Jahren wurde der Garten der Öffentlichkeit zugänglich gemacht. Er ist heute Eigentum der Bayer AG.

 Ausstattung

- Kinderstühle
- Mal-Utensilien
- Kleinere Spielsachen
- Wickelplatz

 Besonderheiten

- Kinderkarte
- Freifläche/Rasen
- Nähe zum Japanischen Garten

Zum Löwen
Kaiser-Wilhelm-Allee 3
51373 Leverkusen
Tel. 0214/83115 (bis 17 Uhr)
oder 0214/8311200 (nach 17 Uhr)
Öffnungszeiten:
Mo bis Fr 11.30–14.30 Uhr und
ab 17 Uhr; Sa ab 15 Uhr
So ab 17 Uhr;
Japanischer Garten (Eintritt frei):
Von Mai bis September
täglich 9–20 Uhr,
von Oktober bis April 9 Uhr
bis Einbruch der Dunkelheit

 Preistafel (Beispiele)

Getränke

- Wasser 0,25 Liter zu 2,40 €;
  0,75 Liter zu 4,90 €
- Apfelschorle 0,25 Liter zu 2,40 €
- Säfte 0,2 Liter zu 2,40 €
- Cola, Limo 0,2 Liter zu 2,40 €
- Kölsch 0,2 Liter zu 1,40 €
- Weizen vom Fass 0,3 Liter
  zu 2,70 €; 0,5 Liter zu 3,90 €
- Espresso 2,30 €
- Kaffee 2,10 €
- Latte macchiato 2,60 €

Speisen
Kinderkarte:

- Nudeln mit Tomatensauce 3,80 €
- Kinderschnitzel mit Pommes 5,90 €
- Putengeschnetzeltes in Rahmsauce
  und Kartoffelpüree 4,90 €
- Kids-Menu mit Schnitzel, Pommes,
  Eis und Getränk 7,90 €

- Rumpsteak unter Löwensenfkruste,
  Malzbiersauce, Bohnengemüse,
  Pfannenkartoffeln 16,80 €
- Gebr. Riesengarnelen an Blattsala-
  ten 14,80 €
- Agnolotti mit Ricotta und Mozzarella
  11,90 €

Ausserhalb linkssrheinisch

Brogsitter's Sanct Peter

Unter dem Dach von Brogsitters Sanct Peter befinden sich mehrere Restaurants mit unterschiedlichsten Angeboten. Es gibt das Restaurant Brogsitter, das einen Michelin-Stern hat. Außerdem die Weinkirche mit Empore, die Kaminstube, eine Bar und einen Garten mit Innenhof. Die Geschichte des historischen Gasthauses reicht bis ins Jahr 1246 zurück. Unabhängig davon, wo der Gast Platz nimmt, kommt er in den Genuss einer exzellenten Küche, die freilich ihren Preis hat. Für Kinder gibt es bei Brogsitter in allen Restaurants eigene Gerichte. Auch in diesem Fall wird eine Top-Qualität serviert. Zuvorkommende Bedienung inklusive. Kinder sind hier gern gesehene Gäste.

Ausstattung

- Kinderstühle
- Malstifte, Ausmalblatt
  auf der Kinderkarte
- Wickelplatz

Besonderheiten

- Kinderkarte
- Öffentlicher Kinderspielplatz
  in der Nähe
- Historisches Gebäude
- Eigenes Weingut
- Menü-Aktionen mit Wein
- Es gibt drei Restaurants mit
  unterschiedlichen Angeboten
- Das »Restaurant Brogsitter«
  hat 1 Michelin Stern
- Wunderschöne Gartenterrasse
  zwischen Weinberg und Wald
- Innenhof mit Springbrunnen
  und Wiese
- In der Kaminstube nachmittags
  kleine Karte

Preistafel (Beispiele)

Getränke
- Wasser 0,2 Liter zu 3,10 €;
  0,75 Liter zu 7,30 €
- Orangina oder Apfelsaft 0,2 Liter
  zu 3,10 €
- Kakao (Kännchen) 5,20 €
- Espresso 2,95 €
- Latte macchiato 4,20 €

Speisen
  Kinderkarte:
- Kleines Kalbsschnitzel mit hausge-
  machten Nudeln 9,00 €
- Butternudeln in Tomatensauce 5,00 €

  Restaurant Weinkirche:
- Rosa gebratener Eifeler Rehrücken
  mit jungem Wirsing, Waldpilzsoufleé
  und Pfifferlingsschaum 34,00 €

Brogsitter's Sanct Peter
Walporzheimer Str. 134
53474 Bad Neuenahr-Ahrweiler
Tel. 02641/97750
www.sanct-peter.de
Öffnungszeiten:
Kaminstube und Restaurant
Weinkirche: täglich ab 11 Uhr,
außer donnerstags (außer es
ist ein Feiertag oder vor einem
Feiertag);
Restaurant Brogsitter:
täglich ab 18 Uhr,
außer donnerstags

Café Blechkatze

Die Tür des Spiel- und Familiencafés Blechkatze steht Ruhesuchenden ebenso offen wie Gästen, die ihrer Kreativität freien Lauf lassen möchten. Kinder und Erwachsene können ihre Talente an verschiedenen Musikinstrumenten ausprobieren oder auf einer Puppentheaterbühne mit Handpuppen Kasperletheater spielen. Angesagt ist vor allem die Steeldrum. Aber keine Sorge: Die Zeit des Hämmerns ist begrenzt. Gäste, die nicht ganz so entzückt über die Trommelfähigkeiten des Nachwuchs sind wie dessen Eltern, sollen nicht gestört werden. Ruhiger geht es denn auch in der Spiel-, Mal- und Leseecke zu, wo zahlreiche Spielzeuge, Bücher, auch fremdsprachige, und sogar ein Bastelbogen zum Basteln einer Papierkatze bereitliegen.

Nach Absprache werden Kindergeburtstage, kleinere Feiern oder ein Sonntagsfrühstück (ab acht Personen) ausgerichtet. Jeden Sonntag gibt es Kasperletheater. Gespielt wird auch nur für ein Kind. Während der etwa halbstündigen Vorstellung werden keine Speisen und Getränke ausgegeben. Auf der Speisekarte stehen kleinere Gerichte wie frisch zubereitete Pizzastücke in verschiedenen Größen und selbstgebackener Kuchen. Die Blechkatze ist nur an drei Tagen regulär geöffnet, für größere Gruppen nach Absprache auch zu anderen Zeiten.

 Ausstattung

- Kinderstühle
- Spielmaterial: Bücher, Musikinstrumente, Duplo-Steine, Puppen und mehr
- Wickelplatz

 Besonderheiten

- Kinderkarte
- Kindergetränk
- Jeden Sonntag ab 16 Uhr Kasperletheater (15.30 Uhr da sein, sonst eventuell kein Platz mehr)
- Große Spielecke
- Steeldrum
- Salat, Gemüse, Obst aus biologischem Anbau
- Allergikergerichte nach Absprache
- Weinort
- Sessellift (15 Minuten Fußweg)
- Liegt an der Ahr, Bademöglichkeiten
- Rundwanderweg
- Am Fuß der Burg Are

 Preistafel (Beispiele)

Getränke
- Wasser 0,2 Liter zu 1,40 €; Flaschen auf Anfrage
- Kinderkakao 1,00 €; Kakao 2,00 €
- Espresso 2,00 €
- Latte macchiato 2,00 €
- Spätburgunder Ahr 0,1 Liter zu 2,50 €

Speisen
- Pizza vom Blech: Margherita klein 3,60 €; groß 5,60 € Pizza mit Salami klein 4,20 €; groß 6,20 €
- Zwiebelkuchen 3,90 €
- Kartoffelsuppe 6,20 €
- Tomatensuppe 4,90 €
- Käsekuchen 2,10 €

Café Blechkatze
Langfigtal 1
53505 Altenahr
Tel. 02643/902068 und 902069
www.blechkatze.de
Öffnungszeiten:
Fr 14–19 Uhr,
Sa und So 11–19 Uhr

Gasthaus Strohe

Das Gasthaus Strohe liegt im Herzen der Eifel. Die Gegend zwischen Adenau und Altenahr bietet Wanderern und Radfahrern viele Möglichkeiten zur Freizeitgestaltung. Das Gasthaus Strohe ist in der Nähe des Ahr-Fahrradweges und des Nürburgrings. Auf der Speisekarte stehen typische Eifler Gerichte, die durch ein Tagesgericht ergänzt werden.

Außer dem Restaurant gehören sechs putzige Hotelzimmer zum Gasthaus. Bei der Renovierung vor ein paar Jahren wurde auf die Verwendung von ökologischen Materialien wie beispielsweise Lehmputz geachtet. Es gibt eine Außenterrasse mit abgetrennter Spielecke für Kinder. Außerdem einen kleinen Sandstrand mit Spielzeug und Liegestühlen. Bei kühleren Temperaturen wird im Gastraum ein gusseiserner Ofen in Gang gesetzt.

 Ausstattung

- Kinderstühle
- Spielmaterial: Bücher, Spielzeug
- Wickelplatz

 Besonderheiten

- Kindergetränk für Minis frei
- Kinderkarte
- Außenterrase mit abgezäunter Kinderecke und Bobby Cars
- Kleiner Sandstrand mit Sandspielzeug und Liegen an der Ahr
- Große Spielwiese
- Liegt am Ahr-Fahrrad-Wanderweg
- Hotelzimmer (sechs) nach ökologischen Vorgaben renoviert
- Nürburgringnähe (7 km) mit Rennsportmuseum

Gasthaus Strohe
Hauptstr. 10
53520 Dümpelfeld
02695/931093 oder 0179/2186208
www.gasthaus-strohe.com
Öffnungszeiten:
Mo und Mi bis Fr ab 17 Uhr
Sa, So und feiertags ab 11 Uhr,
Di Ruhetag

 Preistafel (Beispiele)

Getränke
- Wasser 0,2 Liter zu 1,40 €; Flasche 0,75 Liter zu 3,10 €
- Apfelsaft 0,2 Liter zu 1,60 €
- Kölsch 0,2 Liter zu 1,20 €
- Spätburgunder von der Ahr 0,1 Liter zu 1,80 €
- Kakao mit Sahne 1,60 €
- Espresso 1,40 €
- Latte macchiato 2,10 €

Speisen
Kinderkarte:
- Kinder-Pommes 2,00 €
- Rosmarin-Kartoffeln mit Dip 3,90 €
- Kinderschnitzel mit Pommes 5,20 €
- 2 Bällchen Eis 1,80 €

- Rotbarsch mit Kartoffeln und Salat 9,90 €
- Tagesmenü in 3 Gängen zu 10,30 €

- Sonntagsbrunch 6,80 € pro Person (mit Voranmeldung)

Gastwirtschaft »Zur Post« im Freilichtmuseum Kommern

Fast alle Fachwerkbauten im Freilichtmuseum Kommern standen früher einmal in irgendeinem Landstrich in Deutschland. Das gilt auch für das Haus, in dem die Gastwirtschaft zur Post untergebracht ist. Das war früher ein Hof aus Oberbreisig und steht heute mitten auf dem Museumsgelände, nicht weit vom Eingang entfernt. An den alten Gasthof wurde dezent ein modernes Haus angebaut, in dem sich die Küche, die Arbeitsräume und die Toiletten befinden. Eine Scheune, die ursprünglich auch zum Haus gehörte, wurde im alten Fachwerk-Stil nachgebaut. Hier betritt der Gast einen großen Gastraum

mit offenen Scheunentoren und Blick auf den Vorhof. Die Attraktion sind die Pneuphoniker, zwei sehr menschlich wirkende Puppen mit Akkordeon und Susaphon. Für einen Euro treten die beiden Musiker in Aktion. Nicht nur die Kinder staunen. Es klingt wie Livemusik, die Puppen runzeln sogar die Stirn, rollen mit den Augen und wippen mit dem Fuß zum Takt des jeweiligen Musikstückes.

Auf der Speisekarte stehen vor allem regionale Gerichte aus der Eifel, dem Westerwald, vom Niederrhein und aus dem Bergischen Land. Typische Spezialitäten sind beispielsweise Möhreneintopf (»Murrepot«), Heringsstipp und deftige Brote mit Leber- oder Blutwurst bestrichen. Spaghetti oder Pommes frites gibt es nicht. Da verhält sich die Küche museumsgerecht. Was bei den Altvorderen nicht auf den Tisch kam, wird auch in der Gastwirtschaft zur Post nicht serviert. Neben dem Gastraum in der Scheune gibt es im Haus noch winzige Gaststuben auf zwei Ebenen.

Gastwirtschaft »Zur Post«
im LVR-Freilichtmuseum Kommern
Auf dem Kahlenbusch
53894 Mechernich-Kommern
Tel. 02443/314336
www.kommern.lvr.de
Öffnungszeiten:
Freilichtmuseum Kommern
ganzjährig
1. April bis 31. Oktober 9–18 Uhr,
1. November bis 31. März 10–16 Uhr

 Ausstattung

- Kinderstühle
- Wickelplatz

 Besonderheiten

- Kindergetränke
- Kindergerichte
- Kinderbesteck
- Museumsgastronomie in Historischem Gasthaus
- Picknickbereich mit Biergartenbänken zum Selbstversorgen
- Brot und Streuselkuchen aus dem Steinbackofen der Museumsbäckerei
- Schweinefleisch und Wurst vom deutschen Weideschwein aus museumseigener Zucht
- Großer Biergarten und Außengastronomie

 Preistafel (Beispiele)

Getränke

- Wasser 0,2 Liter zu 1,50 €
- Apfelholundersaft 0,2 Liter zu 1,80 €
- Kölsch 0,2 Liter zu 1,50 €
- Kinderkakao 2,20 €
- Espresso 1,80 €
- Milchkaffee 2,50 €

Speisen

- Kindergericht: Bockwurst mit Bratkartoffeln oder Kartoffelsalat 3,50 €
- Scheibe Brot mit Leberwurst 2,10 €
- Eifeler »Murrepot« (Möhreneintopf) 5,40 €
- Rinderroulade »Hausfrauen Art« 8,90 €
- Teller »Ähzesupp« (Erbsensuppe) 3,60 €
- Wackelpudding mit Vanillesauce 2,60 €
- Kirschstreusel 1,90 €

Hotel Restaurant Ewerts

Das Hotel Restaurant Ewerts liegt direkt an der Ahr, eingebettet in eine herrliche Umgebung. Der Betrieb wird seit 35 Jahren als Familienbetrieb geführt. Diese familiäre Atmosphäre schlägt sich angenehm im Tagesgeschäft nieder. Bei schönem Wetter steht den Gästen ein Biergarten zur Verfügung, der wie ein Privatgarten wirkt. Die Rasenfläche ist auf zwei Ebenen angelegt. Auf der einen stehen Tische und Stühle, auf der tiefer gelegten Ebene können Kinder ungestört Ball spielen oder sich auf dem großen Trampolin vergnügen. Die Speisekarte verheißt eine gutbürgerliche Küche mit gekochtem Tafelspitz, Kartoffeln und Wirsing oder Schnitzel-Variationen. Es gibt zwei ausgesprochene Kindergerichte, aber es werden auch alle Gerichte, bei denen das problemlos möglich ist, als Kinderportionen serviert. Das Gasthaus liegt am Dorfausgang, dahinter beginnt gleich der Wald.

 Ausstattung

- Kinderstühle
- Viele Gesellschaftsspiele auf Anfrage an der Theke
- Wickelplatz

Besonderheiten

- Kindergetränke auf Anfrage
- Hotel mit 25 Zimmern
- Wunderschöner Biergarten mit Spielwiese und Bademöglichkeit
- Großes Trampolin (Benutzung auf eigene Gefahr)
- Wander-Radfahrmöglichkeiten
- Freilichtbühne Schuld in der Nähe
- Nürburgring in der Nähe
- Sommerrodelbahn in der Nähe

Hotel Restaurant Ewerts
Ahrstr. 13
53520 Insul/Ahr
Tel. 02695/380
www.hotel-ewerts.de
Öffnungszeiten:
im Winter Mo und Di Ruhetag,
im Sommer Mo und Di nur
mittags geschlossen

Preistafel (Beispiele)

Getränke

- Wasser 0,25 Liter zu 1,80 €
- Fanta, Cola, Apfelsaft 0,3 Liter zu 2,00 €
- Pils 0,25 Liter zu 1,70 €
- Spätburgunder von der Ahr 0,2 Liter zu 3,80 €
- Kakao 1,80 €
- Espresso 1,70 €
- Latte macchiato 2,30 €

Speisen

Kindergerichte:
- Kinderschnitzel mit Pommes 5,50 €
- Zwei Siedewürstchen mit Pommes 4,50 €

- Tafelspitz in Meerrettichsauce mit Wirsing und Kartoffeln 11,80 €
- Eifelforelle »Müllerin« mit Kartoffeln und Salat 13,80 €
- Bandnudeln mit Garnelen in Knoblauch und Olivenöl 9,90 €
- Palatschinken mit Aprikosen 4,00 €
- Hausgemachtes Eis-Parfait mit Eifeler Hefebrand 4,80 €

Obstpark Schloss Türnich

Mitten im Gebiet des Braunkohletagebaus versteckt sich der Obstpark Schloss Türnich. Am Sitz der Familie der Grafen von Hoensbroech geht alles ein wenig ruhiger und beschaulicher zu. Der Park ist nach dem Prinzip der englischen Landschaftsgärten angelegt. Das Obst wird nach biologisch-dynamischen Regeln angebaut. Das brachte dem Park schon 1994 die Anerkennung als »Demeter-Hof« ein. Nicht nur die Produkte im Hofladen dürfen sich mit dem Biogütesiegel schmücken, auch im Hofcafé sind Bio-Produkte Trumpf. In dem Selbstbedienungs-Café werden selbstgebackene Obstkuchen und frisch gebackene Waffeln angeboten. Das gemütliche Café ist in einer ehemaligen Bibliothek untergebracht. Im Winter verbreitet ein gusseiserner Kaminofen wohlige Wärme. Kinder dürfen sich zur Zeit der Apfelernte aus einem Korb den in ihren Augen schönsten Apfel aussuchen. Der Hofladen befindet sich im ehemaligen Pferdestall. Angeboten werden verschiedene Obstsorten, aber auch Liköre, Obstbrände und Marmelade. Es gibt Führungen durch den Schlosspark und die Schlosskapelle und Feste zum Beispiel zum Erntedank. Die Termine stehen auf der Homepage von Schloss Türnich.

 Ausstattung

- Kinderstühle
- Wickelplatz auf Anfrage

 Besonderheiten

- Hofladen mit eigenen Produkten
- Biozertifikat
- Brunch an Sonn- und Feiertagen von 10 bis 14 Uhr (nur mit Voranmeldung)
- Zur Erntezeit bekommen Kinder einen dicken Apfel vom Biohof
- Schöner Schlosspark
- Außengastronomie im Schlosshof
- Ort der Ruhe und Entspannung
- Zehn Autominuten entfernt liegt die Falknerei zur Gymnicher Mühle

 Preistafel (Beispiele)

Getränke
- Wasser 0,2 Liter 1,80 €
- Apfelsaft aus eigener Ernte 0,2 Liter 1,80 €
- Kakao 2,00 €
- Kaffee 1,80 €
- Milchkaffee nach Hofart 3,00 €

Speisen
- Bio-Brunch:
  Selbstgebackenes Brot, Frühstückskuchen, Weich- oder Hartkäse, Auswahl an Aufschnitt, Rührei, hofeigene Fruchtaufstriche, 1 Glas hofeigener Apfelsaft oder Wasser und Kaffee.
  Erwachsene: 18,50 €; Kinder von 6 bis 11 Jahren die Hälfte
- Streuselkuchen 2,80 €

Obstpark Schloss Türnich

Hofladen und Hofcafé
Schloss Türnich-Schwedenhof
50169 Kerpen
Tel. 0178/8946744
www.obstpark.de
Öffnungszeiten:
täglich 12–18 Uhr

Restaurant Bamboo am Phantasialand

Das Restaurant Bamboo am Phantasialand bietet eine typisch-asiatische Küche. Auf junge Gäste ist das Team bestens eingestellt. Es gibt ein umfangreiches und abwechslungsreiches Kinderbuffet mit Salat, frischem Obst, Minikörnerbrötchen und zwei Hauptgerichten. Dazu verschiedene Naschereien wie Muffins oder Dessert. Alles sehr liebevoll angerichtet. Da die Buffettische niedrig sind, können sich die Kinder ihr Essen nicht nur selber aussuchen, sondern auch eigenhändig auf den Teller legen. Das übrige Angebot auf dem Erwachsenenbuffet bietet auch für Kinder zahlreiche Alternativen. Das reicht von frisch zubereiteten Wokgerichten bis zum Nachspeisenbuffet.

Die Dekoration des Bamboo erinnert ein wenig an eine Kulisse für einen asiatischen Film. Von der Decke baumeln unzählige rote Lampignons, es gibt Wasserspiele, exotische Pflanzen und eine Menge Pagodendächer ringsum. Im Spielzimmer gibt es nicht nur eine Menge Spielsachen, sondern auch Kinderbetreuung. Wer Lust hat, kann sich dort ein paar Tricks fürs Jo-Jo-Spielen erklären lassen oder eine Runde am Fußballkicker spielen. Das Restaurant ist geräumig, da stört es auch nicht, wenn Kinder vom Tisch aufstehen und umhergehen. Größere Gruppen sollten Plätze vorbestellen.

 Ausstattung

- Kinderstühle
- Kinderspielzimmer mit Animateuren
- Wickelplatz

Besonderheiten

- Extra Kinderbuffet in angepasster Höhe
- Phantasialand nebenan
- Hotelrestaurant

 Preistafel (Beispiele)

Getränke
- Wasser 0,25 Liter 2,50 €; Flasche 0,75 Liter 6,50 €
- Apfelsaftschorle 0,25 Liter 3,00 €
- Gaffel vom Fass 0,2 Liter 2,50 €
- Kakao 3,50 €
- Espresso 2,20 €
- Latte macchiato 3,40 €

Buffet
- Erwachsene 23,50 € pro Person; Kinder 4–11 Jahre 12,50 €; Kinder unter 4 Jahre frei

Restaurant Bamboo
Phantasialand Gastronomie GmbH
Berggeiststr. 31–41
50321 Brühl
Tel. 01805/366600
www.phantasialand.de
Öffnungszeiten:
täglich 18.00–23.00 Uhr,
Sonntagsbrunch
von 11.30–14.30 Uhr

Urstoff-Schänke

Die Urstoff-Schänke in Frechen-Hücheln ist eine der letzten Privatbrauereien im Erftkreis. Zum Brauhaus, das im Stil an einen Dorfgasthof erinnert, gehören zwei Gasträume und ein Biergarten mit Innenhof. Etwa 100 Meter entfernt gibt es einen Spielplatz an einer verkehrsberuhigten Straße.

Eine Speisekarte für Kinder gibt es nicht, aber einige Gerichte werden auf Anfrage als Kinderportionen serviert. Da die Erwachsenen-Portionen sehr reichhaltig sind, ist ein leerer Extrateller fürs Kind eine gute Alternative. Steaks mit Salat vom Buffet und Ofenkartoffeln oder Pommes frites gelten als Spezialität des Hauses. Mitgebrachte Babykost wird warm gemacht. Vor allem jüngere Kinder haben viel Spaß bei der Begegnung mit dem lustigen Schnappkrokodil. Dem dürfen die Knirpse das Fingerchen ins Maul stecken und manchmal schnappt es ein bisschen. Nicht wirklich selbstverständlich. Kroko ist lieb und zahm, macht aber eine Menge Blödsinn. In einer Ecke des Biergartens steht ein Puppenherd für Nachwuchsköche.

Außerhalb der Biergartensaison empfiehlt sich eine vorherige Reservierung. Parkplätze direkt am Haus sind rar, daher Ausschau halten, sobald man sich dem Gasthaus nähert.

 Ausstattung

- Kinderstühle
- Spielmaterial: Malbücher, Spiele, Schnappkrokodil und Puppenherd
- Wickelplatz

Besonderheiten

- Spielplatz 100 Meter entfernt in verkehrsberuhigter Straße
- Biergarten im Innenhof
- Eine der letzten Privatbrauereien im Erftkreis
- Es wird Hüchelner Urstoff, ein obergäriges, unfiltriertes Bier gebraut, außerdem zwei Kölsch-Sorten: Bartmann-Kölsch und Stecken-Kölsch (Flaschen mit Bügelverschluss)

Preistafel (Beispiele)

Getränke

- Wasser 0,3 Liter zu 1,20 €
- Kakao (Tasse) 1,80 €
- Espresso 1,80 €

Speisen

- Kleiner Salat 5,00 €
- Folienkartoffeln mit Kräuterquark und Salat 6,00 €
- Argentinisches Hüftsteak mit Knoblauchcreme 14,00 €
- Brauhaussteak vom Schwein mit Pfeffersauce 12,50 €
- Sahneheringsfilets mit Bratkartoffeln und Salat 9,00 €
- Rote Grütze mit Vanillesauce 3,00 €

Urstoff-Schänke
Aegidiusstraße 56
50226 Frechen
Tel. 02234/951718
www.urstoff-schaenke.de
Öffnungszeiten:
Di bis So ab 17 Uhr

Ville Express

Der Weg zum Ville Express-Restaurant in Erftstadt-Liblar lohnt sich allein schon wegen des ungewöhnlichen Ambientes. Das eigentliche Lokal mit Küche, Theke und Sitzplätzen befindet sich in einer ausrangierten Dampflok. Gespeist wird im angehängten Erste-Klasse-Waggon. Bei schönem Wetter werden die Gäste im großen Biergarten bedient. Die Eisenbahn war Deutschlands letzte fahrplanmäßig eingesetzte Dampflok. Sie wurde zwischen 1938 und 1940 als schwere E-Heißdampf-Zwillings-Güterzuglok gebaut und war später im Personenverkehr unterwegs. Am 29. Oktober 1988 trat sie zu ihrer letzten Fahrt in der damaligen DDR an. Als das Signal für sie auf Rot gestellt wurde, endete zugleich die Ära der Dampflokomotiven in Deutschland. 1991 haben die Restaurantbetreiber, Familie Winand, die Lok gekauft und auf dem Gelände des ehemaligen Güterbahnhofes Liblar, ganz in der Nähe des Liblarer Sees, aufgestellt.

Auf der gesamten Anlage finden sich etliche Stücke aus der »guten alten Zeit«. Das Ganze hat ein wenig den Charakter eines Flohmarktes im Freien. Ein besonderer Blickfang sind die Oldtimer-Fahrzeuge im Eingangsbereich. Im Innern der Lok zeigen sich weitere Beispiele der Sammelleidenschaft der Betreiber. Gäste sollten etwas Zeit einplanen, um sich alles in Ruhe anzusehen. Das ist auch das Stichwort fürs Studium der Speisekarte.

Die Speisekarte ist überaus umfangreich. Das muss sie auch sein, immerhin bietet das Restaurant insgesamt an die 400 Plätze. Es gibt eine Kinderkarte mit Klassikern wie Spaghetti mit Tomatensauce oder Fischstäbchen mit Pommes. Das reichhaltige Angebot bietet daneben noch viele Alternativen. An Beschäftigungsmöglichkeiten für Kinder mangelt es auch nicht. Im Biergartenbereich gibt es einen Sandkasten, verschiedene Tretautos, außerdem Gesellschaftsspiele, Bücher und Mal-Utensilien.

☀ Ausstattung

- Kinderstühle
- Spielmaterial
- Wickelplatz auf Anfrage in einem Abteil

❗ Besonderheiten

- Speisen im historischen Zug auf ehemaligem Güterbahnhof
- Biergarten mit Sandkasten
- Umfangreiche Speisekarte
- Liblarer See in der Nähe

€ Preistafel (Beispiele)

Getränke

- Wasser 0,2 Liter 1,40 €; 0,5 Liter 3,00 €
- Fanta, Cola 0,2 Liter 1,50 €
- Kakao 2,10 €
- Espresso 1,70 €
- Latte macchiato 3,00 €

Speisen

Kinderkarte:
- Spaghetti mit Tomatensauce und kleinem Salat 4,00 €
- Fischstäbchen mit Pommes, Ketchup, Mayonnaise und Salat 5,80 €
- Kleines gemischtes Eis 2,50 €

- 1/2 Meter Bratwurst mit Wirsing und Kartoffeln 11,10 €
- Folienkartoffeln mit Kräuterquark und Salat 4,50 €
- »Herrensteak« nach Art des Hauses 16,50 €
- Fleisch-Fondue mit Beigaben 19,50 für 1 Person; ab 2 Personen 17,00 €
- Schweinekotelett »Hawaii« 11,00 €
- Apfel- oder Speckpfannkuchen 7,50 €

Ville Express
Max-Planck-Str. 1
50374 Erftstadt
Tel. 02235/922992
www.ville-express.de
Öffnungszeiten:
Mo bis Fr von 18–24 Uhr,
Sa und So 11–24 Uhr

Bonn linkssrheinisch und rechtsrheinisch

Cassius Garten

Das Restaurant Cassius Garten ist ein vegetarisches Vollwertrestaurant. Es gibt kein Fleisch, keine Kellner, keine Kindergerichte, keine Spielecke, und doch ist es eine gute Empfehlung für Gäste, die Kindern jenseits von Schnitzel, Hähnchennuggets und Wurst kulinarische Alternativen bieten möchten. Die Speisen können individuell zusammengestellt werden. Abgerechnet wird nach Gewicht. Es gibt Salat-, Vorspeisen- und Dessert-Theken und täglich wechselnde warme Speisen. Das Restaurant erstreckt sich über zwei Etagen und ist sehr geräumig, aber in sich so geschickt verschachtelt, dass sich der Gast nicht verloren vorkommt. Zum Lokal gehören drei Terrassen und ein Wintergarten. In der Küche werden viele Bioprodukte, geliefert von regionalen Erzeugern, verarbeitet. Das Getreide wird in einer eigenen Mühle frisch gemahlen. Es gibt einige Gerichte für Veganer, die gar keine tierischen Produkte wie Honig, Eier oder Milchprodukte zu sich nehmen. Der Cassius Garten liegt in einer Art Einkaufspassage, direkt gegenüber des Bonner Hauptbahnhofs. Im angeschlossenen Bistro gibt es Frühstück, Kuchen, Eis und Kleinigkeiten.

Ausstattung

- Kinderstühle
- Wickelplatz

 Besonderheiten

- 3 Außenterrassen
- 1 Wintergarten
- 480 Sitzplätze auf 2 Etagen
- Vegetarisches Vollwertrestaurant
- Gegenüber vom Bonner Hauptbahnhof

 Preistafel (Beispiele)

Getränke

- Wasser 0,2 Liter zu 1,00 €; 0,5 Liter zu 2,20 €
- Frischgepresste Säfte – 14 verschiedene Sorten zu je 2,20 €
- Kakao 2,50 €
- Espresso 1,80 €
- Latte macchiato 2,20 €

Speisen

- Suppen je 2,50 €
- Salate und warme Speisen vom Buffet pro 100 Gramm zu 1,60 € ab 19.00 Uhr 20 Prozent auf alle abgewogenen Speisen
- Kugel Eis 1,00 €
- Vollwertkuchenauswahl je Stück zu 1,80 bis 2,70 €

Cassius Garten
Maximilianstr. 28d
53111 Bonn
Tel. 0228/652429
www.cassiusgarten.de
Öffnungszeiten:
Restaurant: Mo bis Sa 11–20 Uhr, außer Feiertage;
Bistro: Mo bis Sa 8–20 Uhr, außer Feiertage

Ocean Paradise – Chinaschiff

Das Ocean Paradise oder Chinaschiff in Bonn-Beuel war früher eine Autofähre, die »Königswinter 2«. Umgebaut zum schwimmenden Restaurant wurde es vor einigen Jahren von chinesischen Handwerkern. Dass die »Königswinter 2«, Baujahr 1929, überhaupt noch existiert, ist dem Schifffahrt-Unternehmen Gebrüder Schmitz zu verdanken. Sie retteten das gute Stück einst vor dem Verschrotten.

Damit das Schiff seine Lizenz beziehungsweise seinen exponierten Liegeplatz am Rheinufer behalten darf, muss es ab und zu einmal fahren. Das geschieht jeden Freitag, Samstag und Sonntag gegen 20.30 Uhr. Dann geht es rheinaufwärts bis zur Oberkasseler Brücke und zurück bis zur Kennedy-Brücke nach Beuel. Vorausgesetzt der Pegelstand des Rheins sinkt nicht unter 2,50 Meter.

Auch angebunden schwankt das Restaurant auf dem Wasser ganz leicht. Die chinesischen Gerichte gibt es à la carte oder werden als Buffet angeboten. Zudem gibt es wechselnde Tagesmenüs. Kinder suchen sich entweder ein Kindergericht aus oder bekommen ein Hauptgericht als kleinere Portion. Das Restaurant auf dem Wasser bietet etwa 200 Sitzplätze. Es verfügt über zwei Etagen und hat ein Sonnendeck. Für Gruppen von etwa 20 Personen gibt es einen separaten Raum.

 Ausstattung

- Kinderstühle
- Spielmaterial
- Malstifte
- Wickelplatz

! Besonderheiten

- Kindergetränke auf Anfrage
- Kindergerichte
- Halbe Portionen von der Karte auf Anfrage
- Schiff fährt bei passendem Wasserstand des Rheins von Freitag bis Sonntag zwischen 20.30 und 21.30 Uhr
- Buffetangebot
- WLAN
- Spielplatz 100 Meter entfernt an der Rheinpromenade

Ocean Paradise – Chinaschiff
Zhang China Restaurant
Hans-Steger-Ufer 10
53225 Bonn
Tel. 0228/9763988
www.chinaschiff.de
Öffnungszeiten:
Mo bis Fr 11.30–15 Uhr
und 17.30–23 Uhr,
Sa, So und feiertags 11.30–23 Uhr

 Preistafel (Beispiele)

Getränke
- Wasser 0,25 Liter zu 1,90 €; 0,75 Liter zu 5,30 €
- Kölsch 0,25 Liter zu 2,10 €
- Kakao 2,30 €
- Espresso 1,90 €
- Kaffee 1,90 €

Speisen
Kindergericht:
- Knusprige Hühnerbrust mit süß-saurer Sauce 5,90 €

- Minigemüserollen (4 Stück) 3,00 €
- Gebratenes Lammfilet mit Ingwer und Lauch 13,50 €
- Peking Ente ab 4 Personen pro Person 20,00 €

- Buffet:
Erwachsene 14,80 €
Kinder unter 5 Jahre frei;
bis 10 Jahre pro Kind 7,40 €

Restaurant Haus am Rhein

Das Restaurant Haus am Rhein ist die Vereinsgastronomie der Bonner Rudergesellschaft. Es steht nicht nur Vereinsmitgliedern, sondern allen Gästen offen. Direkt neben dem Vereinshaus steht der Bierpavillon Zum Blauen Affen. Das ist ein ungewöhnlicher Name für einen Biergarten. Ein Blick auf das Deckblatt der Speisekarte erklärt alles. Der Name »Blauer Affe« ist eine Leihgabe. So heißt der Kostümball, zu dem die Bonner Rudergesellschaft jeweils am Karnevalssamstag einlädt. Ein Fest mit Tradition. Seit 1927 veranstalten die Sportfreunde diesen Ball.

Das Restaurant liegt in der ersten Etage des eher unscheinbaren Zweckbaus des Ruderclubs. Zahlreiche Medaillen, Pokale, Paddel und ein großes Ruderboot an Decke und Wänden beziehungsweise auf Podesten zeugen von den Erfolgen und der Tradition des Vereins. Im Erdgeschoss des Hauses sind die Boote untergebracht.

Im Restaurant kann der Gast zwischen Fleisch-, Fisch- und vegetarischen Gerichten wählen. Eine Tageskarte mit wechselnden Menüs ergänzt die Hauptkarte. Die Küche geht auf regionale und saisonale Besonderheiten ein. Es gibt Fisch-, Spargel-, Matjes- und Wildwochen. In der Adventszeit wandern ganze Gänse in den Ofen. Es gibt eine separate Kinderkarte. Im Biergarten steht Gegrilltes im Vordergrund. Für Kinder gibt es keine Pommes, dafür Brezel zur Wurst. Nur wenige Meter vom Haus am Rhein entfernt gibt es einen Kinderspielplatz mit Kletterwand. Außerdem liegt eine große Wiese vor dem Haus.

Ausstattung

- Kinderstühle
- Malstifte, kleine Spielkiste
- Wickelplatz auf Anfrage

Besonderheiten

- Kinderkarte
- Kindergetränk
- Kindergeburtstagsangebote mit Kegeln
- Weitläufige Wiesen
- Kinderspielplatz in 30 Meter Entfernung
- Kletterwand
- Biergartenpavillon »Zum Blauen Affen«
- »Affen-Pass« im Biergarten: für jedes Getränk ein Stempel, für volle Karte ein Getränk gratis
- Balkon mit Blick auf das Rheinpanorama

Preistafel (Beispiele)

Getränke

- Wasser 0,25 Liter zu 2,40 €; 0,75 Liter zu 5,20 €
- Bionade 2,90 €
- Kölsch 0,25 Liter zu 2,10 €
- Kakao 2,20 €
- Espresso 2,00 €
- Latte macchiato 2,70 €

Speisen

Kinderkarte:
- Fischstäbchen mit Pommes 6,00 €
- Kinderportion grüne Bandnudeln mit Tomatensauce 4,80 €
- Gebratene Paprika und Auberginen mit Pellkartöffelchen und Kräuterquark 7,80 €
- Flammkuchen 7,30 €
- Rumpsteak »Café de Paris« 17,80 €

Im Biergarten:
- Bratwurst 2,20 €
- Brezel 1,20 €
- Gegrillter Leberkäse 3,70 €
- Riesenbockwurst 2,40 €
- Kindergeburtstagsangebot 2–3 Stunden Kegeln mit: Salzstangen, zwei 0,2 Liter Getränke, warmes Essen und Dessert pro Kind 12,50 €
  Kuchen kann mitgebracht werden.

Restaurant Haus am Rhein
mit Biergartenpavillon
»Zum Blauen Affen«
Elsa-Brandström-Str. 74
53227 Bonn
Tel. 0228/465307
www.haus-am-rhein.com
Öffnungszeiten:
Di bis So ab 11.30 Uhr

Ristorante Pizzeria La Vita

Im La Vita in Bonn-Dottendorf sind Kinder die Hauptpersonen. Die »Gäste von morgen« stehen schon heute im Mittelpunkt des Interesses. Erwachsene Begleiter sind natürlich ebenfalls willkommen. Die Philosophie des Hauses funktioniert nach dem Prinzip »Mitmachen und Kennenlernen«. In Backkursen lernen Kinder nicht nur, wie man eine richtige Pizza mitsamt Belag herstellt. Es ist den Betreibern wichtig, auch zu vermitteln, wie gut es ist, frische Zutaten zu verarbeiten. Einen Dosenöffner werden die Jungköche im La Vita ganz sicher nicht benutzen. Nach dem Kurs gibt es zur Belohnung eine Pizzabäcker-Urkunde und einen Gutschein für eine Kinderpizza. Die Kochkurse finden im Wintergarten statt.

Auf der Speisekarte des La Vita stehen neben Pizzen sowie frisch zubereiteten Pastagerichten auch verschiedene Fleisch- und Fischvariationen. Das Herz des Ladens ist der große Pizza-Holzofen. Das Außengelände ist großzügig und im Garten steht jede Menge Spielgerät.

Im La Vita gibt es außerdem wechselnde Bilderausstellungen. Von den Verkäufen gehen zehn Prozent an die Kinderklinik Bonn.

 ## Ausstattung

- Kinderstühle
- Spielmaterial
- Bücher
- Malstifte
- Wickelplatz

 ## Besonderheiten

- Kindergetränk
- Kinderpizza in Dino- und Fledermausform
- Mal- und Leseecke
- Großer Kinderspielplatz im Garten
- Pizzabackkurse für Kindergärten und Grundschulen
- Kindergeburtstage als Pizzabackkurs von 15 bis 17 Uhr (100 Euro Grundgebühr und pro Pizza 4,50 Euro)
- WLAN
- Pizza aus dem Holzbackofen
- Hauseigener Parkplatz
- Mobile Wintergartenwände, daher im Sommer Aussengastronomie

 ## Preistafel (Beispiele)

Getränke
- Apfelsaft 0,2 Liter zu 2,20 €
- Wasser 0,2 Liter zu 1,90 €; 0,75 Liter zu 4,90 €
- Kölsch 0,2 Liter zu 2,20 €
- Kakao 2,20 €
- Espresso 1,90 €
- Kaffee 2,00 €
- Latte macchiato 2,50 €

Speisen
- Kinderpizza 5,00 €
- Pizza Tonno 7,90 €
- Hausgemachte Ravioli mit Ricotta und Spinat gefüllt 8,60 €
- Kalbsrouladen mit Parmaschinken und Salbei 16,90 €

Ristorante Pizzeria La Vita
Kessenicher Str.165
53129 Bonn
Tel. 0228/235045
www.RistoranteLaVita.de
Öffnungszeiten:
Di bis So und feiertags
12–14.30 Uhr und 18–23 Uhr

Waldau

Am Rande des Kottenforstes in Bonn befindet sich das Restaurant Waldau mit eigener Konditorei. Damit sind schon zwei Trumpfkarten des Hauses genannt: die schöne Lage direkt am Wald und die hauseigene Kuchenherstellung.

Ein Restaurantbesuch lässt sich prima mit einem Spaziergang verbinden. In direkter Nachbarschaft zu der Ausflugsgaststätte ist ein Naturkundemuseum. Auf Kinder aller Altersstufen warten ein Wildgehege, ein Waldlehrpfad und ein Abenteuerspielplatz.

Im weitläufigen Inneren des Waldrestaurants fühlt man sich dank einer geschickten Raumaufteilung nicht verloren, sondern findet gemütliche Plätze. Es gibt viele separate Bereiche. Korbstühle, große Fenster und der Blick ins Grüne lassen Wintergartenflair aufkommen.

Die Speisekarte wartet mit bürgerlichen Gerichten gehobenen Standards auf. Dazu kommen kleine Ausflüge nach Italien mit Überraschungen wie einer Vollkornlasagne.

Die reichhaltige Kinderkarte hält Klassiker wie Fischstäbchen, Pommes frites und Schnitzel bereit.

Häufig wird das Waldau auch von Gesellschaften für Familienfeiern oder Ähnliches gebucht. Vor dem Haus gibt es zahlreiche Parkplätze.

 Ausstattung

- Kinderstühle
- Wickelplatz

 Besonderheiten

- Kindergetränke
- Kinderkarte
- Eigene Konditorei
- Große Außengastronomie
- Sechs Veranstaltungsräume
- Abenteuerspielplatz
- Wildgehege
- Museum Haus der Natur
- Waldlehrpfad

Waldau

An der Waldau 50
53127 Bonn
Tel. 0228/281884 oder 281035
www.waldau.de
Öffnungszeiten:
Di bis Sa 10–24 Uhr,
So 10–18 Uhr

 Preistafel (Beispiele)

Getränke

- Kinderwasser und Kinderlimo
  je 1,00 €
- Wasser 0,25 Liter zu 2,30 €;
  0,75 Liter zu 5,80 €
- Espresso 2,20 €
- Latte macchiato 2,90 €
- Kaffee 2,10 €
- Kakao mit Sahne 2,80 €

Speisen

Kindergerichte:
- Spaghetti mit Tomatensauce 3,50 €
- Schnitzel mit Pommes und Ketchup
  5,50 €

- Bärlauchsuppe 5,20 €
- Rotbarschfilet im Sesammantel auf
  Senfschaum und Blattspinat 14,80 €
- Hausgemachtes Speck-Lauchgratin
  mit Pinienkernen 9,50 €
- Kalbsleber mit Zwiebeln und Äpfeln,
  dazu Kartoffelpüree 14,50 €

Aus der Konditorei:
- Apfelkuchen 2,60 €
- Marmorkuchen 2,10 €
- Sahne 0,50 €

Monika Salchert, Jahrgang 1956, abgeschlossenes Studium in Geschichte, Bibliothekswissenschaften und Pädagogik. Sie arbeitet als freie Journalistin in Köln und ist für verschiedene Tages- und Wochenzeitungen tätig, außerdem als Autorin und Moderatorin für WDR 4. Mitherausgeberin und Autorin des im Emons Verlag erschienenen Buches »Mieh Hätz wie Holz. 200 Jahre Kölsch Hännesche«.

Ulla Scholz, Jahrgang 1953, gründete in den 80er Jahren das mehrfach ausgezeichnete Kölner Feinschmeckerlokal Tafelspitz. Seit 2003 sendet der WDR 4 ihren wöchentlichen Radiokochtipp, seit 2007 gibt es ein Kochbuch zur Sendung. Ulla Scholz schreibt Kinderrezepte im Kölner Stadt-Anzeiger und veranstaltet Kinderkochkurse und Ernährungsseminare.